LA RÉPUBLIQUE

NOUVELLE

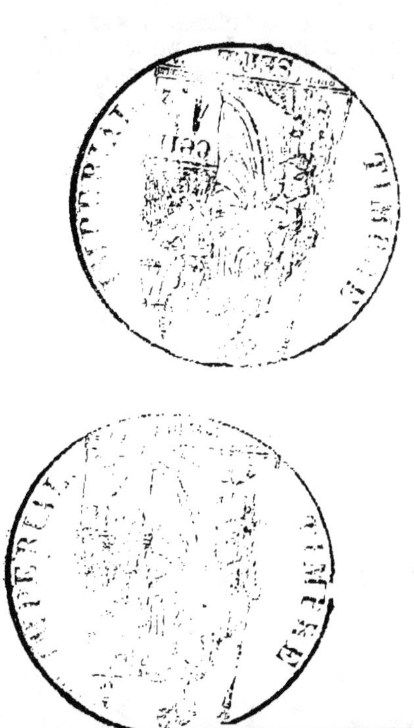

LA RÉPUBLIQUE

NOUVELLE

PAR

ALEXANDRE WEILL

XÉNOPHON. La République est-elle dans la loi de la nature ?

SOCRATE. Oui, comme la santé. Le père a beau la léguer à son fils, le moindre excès la compromet.

CHEZ TOUS LES LIBRAIRES

—

1869

PRÉFACE

De ce petit livre sortira la république de l'avenir, la république nouvelle du devoir, comme du *Contrat social* est sortie la république du passé, la république du droit. La république du droit, créée pour démolir, ne pouvait aboutir et n'aboutira jamais qu'à la terreur et qu'au communisme, *attendu que tous les humains croient pouvoir jouir des mêmes droits.* La république du devoir, fondée sur la loi de la nature, aboutira à une démocratie de liberté, de justice et de vertu, *attendu que nul mortel ne se croit né pour les mêmes devoirs que son semblable.*

Le droit, admis comme principe absolu, peut devenir héréditaire ; *le devoir, jamais!* Le droit, qui est le fruit matériel, se transmet de père en fils ; le devoir, qui est une fonction spirituelle, ne se transmet pas. Il n'y a donc, de prime abord, d'autre pouvoir possible que celui du devoir !

Ce livre, quoique d'une logique inexorable, laisse pourtant une marge assez large à toutes sortes d'essais politiques, par la simple raison, assez triste d'ailleurs, que, sauf quelques vieilles exceptions, toute la démocratie européenne, se disant matérialiste, athée, positiviste et collectiviste, base tous ses projets d'établissement, toutes ses batteries de guerre sur le droit individuel absolu. En vain deux fois, coup sur coup, l'histoire lui a prouvé l'erreur fatale de ce soi-disant droit ; en vain une année de gouvernement expérimental a-t-elle suffi pour renverser des échafaudages artistement élevés pendant plusieurs lustres ; en vain la démocratie, à peine victorieuse, a-t-elle été partout jetée bas, soufflée comme un château de cartes, elle n'a profité d'aucune leçon, elle n'a rien vu, rien entendu, rien appris. Loin de scruter, de chercher les vices organiques de son édifice, elle a rejeté la faute, tantôt sur ses vainqueurs, tantôt sur ses gouvernants, autant dire une maison bâtie sans fondements avec des matériaux douteux et rejetant, après l'écroulement, la faute sur les locataires, qui, les premiers, ont essayé d'y marcher et qui ont trouvé les uns la mort, les autres des blessures, d'autres encore la ruine de toute leur fortune.

La démocratie *droitiste* victorieuse demain emploirait, soit la violence de 93, soit la débonnaireté de 48, soit rien du tout ; avec le principe fondamental qu'elle professe, principe contraire à la nature, elle ne parviendrait pas à créer une maison républicaine, à plus forte raison une commune, une cité, un État, une société !

C'est le droit, prêché sous toutes sortes de mots fallacieux, qui longtemps m'a détourné de ma voie, bien que je fusse toujours de bonne foi. C'est parce que je croyais, moi aussi, au droit que j'ai admis comme principe que les hommes avaient le droit, ne fût-ce que pour rendre l'ordre plus stable, d'établir des pouvoirs héréditaires. C'est dans cette idée que j'ai réagi en 1848 contre le 25 novembre et que j'ai cherché à prouver la préexcellence du régime constitutionnel. C'est une thèse à soutenir, aussi longtemps que l'on admet les droits de l'homme comme principe primordial. Si j'ai un droit quelconque avant d'accomplir mon devoir, j'ai aussi le droit de renoncer a mon droit. Je ne perds ce droit d'aliénation que du moment qu'il me sera prouvé, qu'en vertu de la loi de la nature, en vertu de la vie et de l'existence, je n'ai droit a aucun droit préalable. Qu'avant tout, dès que je pense pour agir, il faut que j'accomplisse mes devoirs d'homme et de citoyen, attendu que de ce devoir accompli seul jaillit le droit de mon prochain, attendu que la nature, par sa loi stricte, mathématique, veut que, si fort que soit un être, il n'a été créé et il n'existe que pour le faible, en ce sens que de l'accomplissement préalable du devoir de l'un, naît, grandit, prospère le droit de l'autre, et réciproquement.

De cette loi de la nature que j'ai cherchée et que je crois avoir trouvée, dans ma *Parole Nouvelle*, sourdent et découlent depuis dix ans toutes mes pensées. Si, par mégarde ou par faiblesse, j'ai énoncé des idées contraires à cette loi, je les déclare fausses, nulles et non avenues.

Les principes contenus dans ce petit livre, écrit seulement pour des hommes de raison et de bonne foi, ne se changeront pas de sitôt en faits historiques.

C'est un levier dont les effets se font rarement sentir près du point d'appui.

C'est un pont de vérités, liant l'avenir au passé, que je suspends sur tout un monde d'erreurs, de passions et de préjugés et qui, comme tout pont, sera foulé aux pieds par ceux-là même auxquels il rend les services les plus indispensables !

Soit !...

Mais il conduit à ma *Parole Nouvelle* qui sera le temple de la démocratie future et dans lequel j'aurai ma petite pierre tumulaire.

Alexandre WEILL.

Bade, le 31 août 1869.

Avant de naître l'homme est un être social.

Avant de devenir une individualité, l'homme est un
être solidairement social, puisant son existence dans le
devoir accompli d'un autre individu, qui ne saurait accomplir ce même devoir, si la société entière ne rem-
plissait le sien envers lui. Dans les entrailles de la
mère, l'existence de l'homme sera brisée dès que la
mère manquera à ses devoirs de maternité, ou que la société, manquant aux siens, lui coupera ou lui refusera les
moyens d'être mère. Il en est de même de tout être
minéral, végétal ou animal, jusqu'à la parfaite croissance de l'individu. Il ne faut pas croire que l'homme,
sous ce rapport, soit privilégié parce qu'il a de la raison. Ce qu'est pour lui la culture de la raison, un
éclaircissement, un acheminement vers l'accomplissement de sa loi, la culture de la terre l'est à toutes les
plantes et l'instruction à tous les animaux. Les plantes
et les animaux pourtant n'ont jamais formulé leurs
droits. Mais l'homme, par sa raison émanée de la
force créatrice, a formulé et reconnu ses devoirs envers eux. Ces devoirs accomplis produisent des dou-
bles droits. Non-seulement l'animal sauvage s'ap-
privoise et rend des services à son accomplisseur de
devoirs, mais encore il devient plus beau, plus sain,
plus parfait. De même la plante. L'homme ne va pas

plus loin comme qualité, il va seulement plus haut comme quantité. Le fœtus, l'enfant, l'adolescent, le jeune homme, chacun est à la société, à ses générateurs, à ses éducateurs ce qu'est la fleur ou l'animal au cultivateur, à l'éleveur. Non-seulement il rendra plus de services à ceux qui accomplissent strictement leurs devoirs envers lui, mais par son embellissement physique et moral, il leur donnera mille sujets de satisfaction et tous ces progrès retourneront à la société, remplissant ses devoirs envers ces mêmes générateurs.

Non pas toutefois que tout devoir accompli produise sûrement son fruit. Loin de là ! Pour avoir semé, le cultivateur n'est pas toujours assuré de récolter. Les champs comme les familles produiront toujours de l'ivraie. On donnerait à deux terrains égaux la même culture, les mêmes soins, le même engrais, le même labour, l'un vous donnera de beaux épis dorés, mêlés seulement de quelques bluets et coquelicots pour en égayer l'aspect, l'autre sera clair-semé d'épis, ce qu'il donne ne sera que de la paille, ou bien il ne produira que des fleurs stériles, se fanant avant la moisson. Ainsi des hommes. Non-seulement la grande culture également appliquée à tous, à côté de quelques hommes pleins, créera des êtres élancés et vides, mais encore sur tout champ de famille il poussera de l'ivraie humaine qu'il faut continuellement arracher, retourner, extirper jusqu'à la racine, dès qu'elle menace d'envahir le bon grain. Il en fut toujours ainsi. Il en sera toujours de même, malgré tous les progrès que l'homme peut faire. C'est la loi de la nature.

Des causes extérieures dont l'homme n'est pas encore le maître, mais qu'il maîtrisera tôt ou tard, empêchent parfois le devoir accompli d'engendrer le droit, c'est-à-dire le fruit. Pour les champs ce sont les orages, les grêles, les sauterelles; pour les hommes, des maladies ; deux fléaux jaillissant également des erreurs de l'esprit humain, car tous les maux des humains sortent de leurs erreurs. L'erreur est la maladie mère spirituelle qui tue les corps. Il est encore des esprits qui croient que les choléras, les pestes, les vomitos sont des maladies purement physiques. Hélas, non ! Ces pestes éclatent dans les pays où les hommes abrutis, ignorant la vérité, vivent contrairement à toute raison, et ne font leurs devoirs ni envers eux, ni envers les autres êtres du monde. La source de toute peste s'appelle fétichisme, fanatisme, despotisme ! Si partout les hommes, vivant fraternellement, accomplissant mutuellement leurs devoirs, cultivaient la terre selon les lois de la nature et du climat, il n'y aurait jamais ni choléra, ni peste, ni animal malfaisant.

La malpropreté de l'homme enfante la vermine, la teigne, la gale, toutes sortes d'animalcules de mort. La malpropreté, la non culture de la terre, enfante de la vermine bien plus grosse qui s'appelle : serpents, tigres, chacals, panthères, rongeurs, vautours, qui la dévorent, elle et ceux qui l'habitent sans la soigner. Tout mal est vivant. Toute maladie se meut, marche, avance ou recule et se répand par des milliers d'animalcules. *La mort elle-même est vivante.*

Il en est de même des éléments. Car la terre cultivée, les animaux bien instruits réagissent sur l'atmosphère et doivent même réagir sur la mer. L'homme par sa raison, par la vérité, par son devoir accompli, peut maîtriser les éléments. En tout cas il peut détruire les maladies périodiques qui ravagent l'humanité. La vérité n'est autre chose que la loi de la nature, pur reflet de la grande Loi créatrice, *une* dans tous les phénomènes, dans toutes les existences, depuis le grain de sable jusqu'au soleil, depuis le soleil jusqu'à l'homme de génie, depuis l'homme de génie jusqu'à la puissance créatrice que nous appelons vulgairement Dieu !

La différence des êtres n'est pas dans la QUALITÉ, mais dans la QUANTITÉ d'essence vitale.

Tous les êtres sans exception sont composés de la même substance à différentes doses, selon la mission de chacun. Il n'y a pas deux substances, et il n'y a qu'un seul procédé de création. Y eût-il des millions de planètes et des êtres mille fois supérieurs à l'homme, ils seraient forcément pétris de la même matière, plus ou moins bien dosée, et ils seraient mortels comme l'homme ! *Il n'existe pas de corps simple.* Il n'existe pas de corps qui ne soit composé de plusieurs protoplasmes, de milliers d'atômes que le chimiste peut analyser pour rendre à l'oxygène, à l'azote, au carbone, à l'hydrogène, etc., etc., ce qui appartient à chacun de ces éléments matériels. L'inégalité des êtres ne consiste que dans les différentes doses de ces éléments, dont ils se composent, chacun dans un but différent aboutissant à l'harmonie de l'ensemble.

Dans tout être il y a un mouvement vital liant, animant les parties que nous appelons avec raison le souffle créateur, attendu qu'il ne peut être qu'une parcelle plus ou moins considérable du mouvement autonome qui donne la vie aux êtres et que nous cherchons à personnifier sous le nom de Créateur ou de Dieu ! Ce mouvement qui est la vie, d'où qu'il vienne, est plus ou moins vif, plus ou moins intense et long, mais il se transforme continuellement. Il se perpétue sur la matière comme la lumière se perpétue sur les fluides inflammables. Il est de la même qualité dans tous les êtres, dans le grain de sable qui forme des terrains et des rochers aussi bien que dans l'astre, aussi bien que dans l'homme. *Il ne diffère que par la quantité.* Ainsi le minéral en a moins par la quantité que la plante. La

plante en a moins que l'animal, l'animal en a moins
que l'homme. Ce mouvement se manifeste en tout par
la volonté. La volonté est dans tous les êtres, mais elle
y est plus ou moins quantitativement forte. A mesure
que la dose augmente elle est plus ou moins réflective,
plus ou moins raisonnante, car la raison n'est qu'une
lumière qui se voit elle-même et qui reflète en elle les
objets lointains du passé et de l'avenir. L'homme est
l'être que nous connaissons doué de la plus forte dose
de ce mouvement, de cette raison volontaire et réflective. C'est pourquoi il s'est reconnu à juste titre
comme le roi de toutes les créatures visibles, car nulle
de ces créatures, tout en étant composée de la même
substance, ne possède autant de mouvement vital et autonome que l'homme. Mais il n'est supérieur aux
autres êtres que par une plus grande dose de ce mouvement, nullement par la qualité. Et de même que tout
être, quel qu'il soit, minéral, végétal ou animal, diffère de son congénère par une quantité plus ou moins
forte de ce mouvement vital, quel qu'en soit le nom,
de même nul homme ne ressemble à son frère par la
même quantité de fluide vital que nous appelons esprit,
raison, intelligence ou âme. Tous les êtres sont donc
égaux, en ce sens qu'ils sortent tous de la même loi,
du même créateur, comme qu'il s'appelle, Dieu, nature,
infini ou substance, en ce sens encore qu'ils sont tous
mortels, destinés à se décomposer, qu'ils contiennent
tous les mêmes éléments matériels plus ou moins dif-
férenciés, et nul n'est égal ni semblable à l'autre, attendu que chacun possède toujours un mouvement
vital ou plus long, ou plus rapide, ou plus équilibré
dans ces parties. Ce qui fait que la nature est à la fois
une et *diverse*, et que dès sa création tout être par la
quantité de sa dose vitale, de son mouvement flui-
dique et électrique, que nous appelons spirituel, est
destiné à un travail particulier, à une mission spé-

ciale, qu'il ne peut dépasser sans troubler l'harmonie de l'ensemble, et qu'il remplit entièrement dans tout son épanouissement dès que les êtres, autour, au-dessus et au-dessous de lui, se meuvent harmoniquement dans leur voie tracée par la nature, selon la quantité plus ou moins forte de ce même mouvement vital !

L'homme n'a pu être créé autrement qu'il n'est.

La nature est admirablement hiérarchisée, non-seulement par espèce, règne et race, mais individuellement dans chaque espèce, dans chaque règne, dans chaque race. Il n'y a pas de grain de sable qui ne se distingue de l'autre par le sexe et le degré de mouvement, de manière à se marier, à se lier et à former des terrains, des pierres, des rochers et des montagnes. A mesure que le mouvement se précipite par la plus grande quantité fluiditive, son jeu s'élargit et se meut plus librement. La liberté des êtres augmente donc uniquement par la quantité de l'essence motrice, mais la différence entre les individus reste la même dans toutes les espèces. Elle est proportionnellement la même entre les grains de sable qu'entre les différents arbres, animaux et hommes. Quand cette force arrive jusqu'à l'autoréflexion, elle jouit d'une liberté de jeu dans tous les sens, que l'on appelle : le libre arbitre ou la volonté. Elle s'étend alors au passé comme à l'avenir ; en d'autres termes, elle a la mémoire et le juge-ment, reconnaissant en elle-même la *connexion* forcée entre les causes et les effets, entre l'idée précipitant la volonté et le fait qui en jaillit. Ce pouvoir s'appelle la *raison* ou le *discernement entre le bien et le mal,* attendu que certaines actions provoquées par certaines idées ou volontés créent inévitablement du bonheur et du bien aux êtres environnants, et que d'autres, résultant d'une idée contraire, font inexorablement du mal à quelqu'un ou à quelque chose, à autrui comme à soi-même!

Plus cette force augmente en quantité, moins elle est limitée par la matière, plus elle se voit sous toutes ses faces, plus elle produit le beau et le bien, car se voir, c'est reconnaître sa loi, et reconnaître sa loi, c'est concevoir la loi créatrice qui est le suprême bien, et le suprême dévouement. L'homme s'est toujours révolté contre les bornes de sa raison, parfois il a maudit sa liberté qui lui fait autant de mal que de bien.

Mais à mesure que l'homme pénètrera les lois de la LOI, il verra que, si borné qu'il soit, mais venant directement après l'animal, il ne pouvait en aucune manière être créé autrement, et qu'il ne pouvait avoir une liberté plus grande, ni un mouvement vital plus long, CAR NULLE FORCE NE PRODUIT NI NE PRODUIRA JAMAIS UNE AUTRE FORCE ÉGALE A SOI!

La force créatrice, fût-elle cent fois plus infinie, plus éternelle, ne pourrait créer une autre force éternelle et infinie comme elle! Si elle pouvait violer sa loi, elle ne serait pas la Loi et par conséquent elle ne serait pas du tout, tout ce qui est n'étant qu'en vertu de sa loi. Nous ne pouvons pas expliquer comment est cette force autonome et créatrice, comment elle est devenue ce qu'elle est, nous avons juste assez de force intelligente et créatrice pour comprendre notre impuissance à cet égard. Il est plus que probable que nul être mortel, composé de matière et de mouvement, ne saurait jamais l'expliquer. Mais nous avons assez de force voyante pour reconnaître que toute force a sa loi, et que cette loi, logique, se suit elle-même. Par ce pouvoir nous pouvons irréfragablement juger ce qu'une force ne peut pas être et ne peut pas faire. Nous n'avons qu'à découvrir comment et en vertu de quelle loi elle agit, pour créer quelque chose. Si ce mode de créer est le même en tout et partout, si le procédé se répète toujours dans tous les êtres, nous pouvons hardiment induire de la loi connue toutes les autres lois qui nous sont encore inconnues.

Ainsi, en voyant qu'aucune force ne produit nulle part une autre force égale à soi, nous pouvons hardiment, et sans risque de nous tromper, proclamer que la force éternelle ne pouvait ni ne peut créer que des forces mortelles, fussent-elles cent fois plus grandes que celles inhérentes dans l'homme, et que la liberté parfaite, faisant toujours le bien, ne pouvait créer que des libertés imparfaites, faisant tantôt le mal, tantôt le bien, et bornées par l'enveloppe matérielle, sans laquelle elles ne pourraient mortellement exister.

L'homme donc n'étant créé ni parfaitement libre, ni parfaitement vertueux, ne peut ni ne pourra jamais être parfaitement heureux.

Les forts ont été créés pour les faibles, non les faibles pour les forts.

Dans la nature, les faibles n'ont pas été créés pour les forts, mais les forts pour les faibles. Les forts sont ceux dont le mouvement de vie est plus rapide, par une dose plus forte d'essence créatrice, détachée de la force créatrice elle-même et déposée dans chaque être. La terre n'a pas été créée pour produire des plantes, mais les plantes ont été créées pour faire exister la terre par le travail. De même les animaux pour les végétaux, attendu que sans eux les végétaux s'épuiseraient (1) !

(1) Il n'est pas vrai que l'engrais humain soit bon pour les végé-

L'homme enfin est créé pour se servir de tous les êtres et les placer judicieusement par son propre travail, afin de contribuer à l'harmonie de l'ensemble. Certes, les faibles ont besoin des forts. Ils périraient sans eux! Mais les forts n'ont pas moins besoin des faibles. L'homme a plus besoin des minéraux, des végétaux et des animaux que ces espèces de lui. L'animal a plus besoin du végétal que le végétal de l'animal et ainsi de suite pour le végétal et le minéral. Il en est de même dans chaque espèce par rapport à l'individu. C'est bien beau que, le génie de l'homme! Rien de plus sublime que la raison qui rend l'homme libre dans ses actions! Mais tel qu'est l'homme par ses attaches matérielles, il lui faut des millions de travailleurs manuels contre un seul penseur qui commande et qui ordonne. Il faut cinq cents ouvriers pour un seul contre-maître. Le contre-maître a plutôt besoin de ses ouvriers que les ouvriers de lui. Il faut des forts, mais il n'en faut que pour employer leur force au profit des faibles.

Seule supériorité de la parole.

Il n'existe pour l'homme aucun autre droit que celui qu'il acquiert par son devoir accompli. C'est par ce côté que l'homme se rattache à la planète sur laquelle il est forcé de vivre pour quelque temps. Si grande que soit sa liberté et sa supériorité, il faut absolument, semblable aux êtres inférieurs en liberté, qu'il accomplisse comme eux ses devoirs, avant de jouir de ses droits! La terre, les plantes, les animaux

taux. Sans en avoir essayé, je suis sûr, par la loi de la nature, que les végétaux produits par cet engrais sont malfaisants et pour l'animal et pour l'homme.

n'ont pas le verbe pour réclamer leurs droits. L'eussent-ils, cela ne leur servirait à rien ! Pour qu'ils vivent, il faut qu'ils remplissent leur mission de travail et d'ordre. *Car tout travaille* sur notre planète, y compris la planète elle-même. Le devoir accompli ne leur donne pas toujours le droit équivalent. Tel animal fait plus que son devoir sans jouir d'aucun de ses droits. Il se venge pourtant, soit par sa mort précoce, soit par un mal qu'il donne à son tyran. Les plantes de même. L'homme a le verbe. Mais cela ne le dispense pas de faire préalablement son devoir envers tous les êtres, avant de jouir de ses droits. Quoi que l'homme dise, c'est la loi commune, la loi de la nature, à laquelle il ne se soustraira jamais, du moins tant qu'il séjournera sur la terre.

A quoi lui sert donc le verbe?

A RÉCLAMER LES DROITS QUE L'INJUSTICE LUI DÉTIENT APRÈS L'ACCOMPLISSEMENT DE SES DEVOIRS. Jamais pour autre chose. La supériorité de l'homme ne consiste donc pas à formuler ses droits, ces droits n'existent pas primordialement, pas plus que les droits primordiaux des animaux et des végétaux. Ils ne jaillissent naturellement que des devoirs accomplis par le travail, selon les forces de chacun, travail contribuant à garantir les droits des autres existences. Elle ne consiste que dans la réclamation de ces droits quand, malgré les devoirs accomplis, les droits sont confisqués au profit d'un être ou d'une classe injuste ; confisqués aux dépens des êtres inférieurs, plus faibles, qui faute de profiter de ces travaux, languissent, périssent, et qui par les souffrances mêmes, et en vertu de la loi de solidarité, se vengent en accablant tous les êtres de maux et de malheurs, contraires au but de la création ! La création n'a pas d'autre but que le bonheur de chacun, autant que la nature de chacun le comporte, par le travail et le devoir accompli !

Erreur sanglante de six mille ans.

L'injustice des hommes, qui fut presque toujours universelle, naquit d'une erreur également universelle, erreur qui se trouve dans toutes les religions, presque dans toutes les philosophies, depuis la connaissance de l'histoire ; erreur qui, elle-même, est le fruit empoisonné de l'ignorance de la loi de la nature, la vraie, la seule loi de Dieu.

De tout temps les hommes ont cru que les êtres dits inférieurs, moins doués de mouvement vital, ont été exclusivement créés pour les êtres supérieurs, soit de leur espèce, soit d'une autre espèce. En d'autres termes, ils ont cru que les faibles n'étaient nés que pour les forts, que la force seule, intellectuelle et matérielle, est divine et légitime, et que tout homme fort, soit par la ruse, soit par le poing, avait le droit naturel de disposer à son gré du faible, ou pour le moins de l'exploiter.

Cette erreur serpente à travers toute l'histoire humaine, sous différentes dénominations. Toute la civilisation repose sur l'amoindrissement, l'anéantissement de ce faux principe de la force. Il n'y a pas d'autre progrès dans l'humanité que l'affaiblissement de cet axiome de guerre, en vertu duquel le vainqueur, en état de sauvagerie, a mangé le vaincu ; en vertu duquel le vainqueur, sous le patriarcat, a traité le vaincu en esclave. A mesure que l'homme dégage les broussailles et les nids de vipère entourant cette fatale erreur, le fort devient moins inhumain. Il ne fait d'abord plus que rançonner son vaincu. De progrès en progrès, toujours négatif, le vainqueur civilisé arrive à se contenter d'une exploitation fraternelle et sociale ! Il accepte des tributs et des impôts, moyennant lesquels le fort garantit au faible les fruits de son travail!

Cette erreur, au commencement de l'histoire, fut tellement universelle, que les meilleurs esprits ont cru que les règnes inférieurs n'avaient été créés que pour être absorbés par les règnes supérieurs, qu'ils étaient destinés à leur être sacrifiés, qu'ils n'avaient pas d'autre but dans la nature. Ainsi les minéraux pour les végétaux, les végétaux pour les animaux, les animaux pour les hommes et, poussant le principe plus loin, les hommes se sacrifiant aux dieux, censés les plus forts. Le sacrifice humain n'a jamais eu d'autre base spirituelle. Il fallait apaiser le courroux des plus forts, et l'on supposait que le sang des faibles humains les apaisait comme on apaise la faim et la convoitise d'un vainqueur par un bon rôti, un bon vin et une jolie fille.

Le prêtre vivait de cette erreur. Jamais prêtre, quel qu'il fût, n'a vécu d'une vérité. Car s'il prêchait la vérité il ne serait pas un prêtre soudoyé. Un homme, a dit Socrate, qui vit de la vérité qu'il vend à tout le monde, ressemble littéralement à une femme qui vend sa beauté aux passants. Tous deux mourront sans vérité ni beauté, méprisés des hommes, réprouvés des dieux.

Les prêtres, en désignant les fils et les filles qui devaient être sacrifiés, les faisaient racheter moyennant certaines sommes (1). La Bible indique même le montant de la somme. Un homme valide et jeune payait une rançon plus forte qu'un enfant ou qu'un vieillard. Plus tard, ce moyen de frapper monnaie sur la tête des enfants n'étant plus possible, le

____

(1) Il est à remarquer qu'ils n'ont jamais désigné une femme mariée; le possesseur, au lieu de la racheter, n'eût eu qu'à dire : **Prenez-la!**

prêtre se rabattait sur la graisse et les meilleurs morceaux des bœufs, des moutons et des colombes, toujours pour rendre favorables aux faibles les forts des forts.

L'esclavage florissait en même temps que les *sacrifices*, toujours par la même erreur, savoir : Le faible a été créé pour le fort. Tant, pis pour lui. Il vaudrait mieux qu'il ne fût pas créé, comme Job le dit dans un accès d'humeur contre le Créateur, mais qu'y faire? Il est, il est faible. Il ne lui reste que l'alternative entre la servitude et la mort! C'est le *fatum*, le destin. Rien à y faire.

De temps en temps, quelques esprits plus clairvoyants se sont dit : « Mais puisque la force est tout, pourquoi les faibles n'associent-ils pas leurs forces pour être les plus forts à leur tour? » On a fait des essais! Hélas, pour associer des milliers de forces inférieures, il faut une force ordonnante, combinante et voulante. Il faut les engréner, les augmenter, par l'ordre et l'harmonie, autrement chacune de ces forces annihile la force du voisin. Il faut un chiffre, si petit soit-il, pour faire compter les zéros. Alors il est arrivé que cette force supérieure, représentée par un homme, se basant sur la même erreur, après avoir associé les forces inférieures pour les arracher au joug d'une force tyrannique et injuste, les a, à la fin, exploitées pour lui-même, grâce toujours au droit du plus fort qu'il croyait divin et primordial. Et les faibles, voyant par l'expérience qu'ils ne gagnaient rien en changeant de maître, se sont soumis avec résignation, en disant qu'un vieux maître rassasié valait encore mieux qu'un tout jeune affamé (1)! Pourtant, avec le temps, l'erreur

(1) L'observation de Tibère, demandant à un mendiant pourquoi il ne chassait pas les mouches dévorant les plaies de sa jambe. Celles-ci, répondit le malheureux, sont rassasiées. Je n'aurai garde de les chasser.

pâlit et perd des fidèles. L'esclavage se transforme en servage, le droit de guerre s'humanise, on accorde quelques droits aux femmes (les faibles), aux enfants et aux malades. On se reconnaît quelque devoir envers la bête et la plante, mais l'erreur fondamentale reste gravée en couleur de sang au frontispice des codes humains. Seulement, au lieu de l'appeler crûment *droit du plus fort*, on l'appelle GRACE et surtout GRACE DE DIEU ! C'est par la grâce de Dieu que le fort est fort et que le faible est faible. C'est Dieu qui institue les rois et les maîtres, les prêtres et les nobles ! Le bourgeois, le manant, le juif, le protestant, l'infidèle sont au noble, au prêtre et aux rois ce que sont les minéraux, les plantes et les bêtes aux hommes. Ils ont été créés pour eux. C'est Dieu qui le veut. Heureux si, au lieu d'être dévorés, esclaves ou serfs, ils rachètent leur faiblesse divine et fatale par des dîmes, des tributs et certains impôts en argent et en hommes.

A une révolution dans l'idée succéda la révolution des faits, les faits sociaux étant toujours les effets matériels d'une idée spirituelle.

La vérité est éternelle et absolue comme la santé.

Il n'est point de vérité ni d'erreur nouvelle. La forme des choses seulement change toujours. Les choses ont toujours été de tout temps.

La vérité a toujours été trouvée et dite. Mais comme il y a mille erreurs contre une seule et unique vérité, absolument comme il y a mille maladies contre une seule et unique santé, il s'ensuit que les erreurs sous toutes les formes se propagent bien plus vite que la vérité. La vérité a encore un autre inconvénient : elle est absolue. Elle ne change que de forme. Une loi de la nature ne laisse aucune marge au hasard, ni à droite, ni à gauche. Elle est ce qu'elle est. On peut se tromper par défaut d'investigation, mais d'avance on est sûr que ce qu'elle est il faut qu'elle le soit! Tout est strict dans la nature comme un axiome mathématique. La géométrie n'est pas une science spéciale, elle n'est qu'une conséquence palpable de la loi spirituelle et impondérable.

Cette loi que nous appelons, je ne sais pourquoi, métaphysique, est aussi absolue qu'un cercle et qu'un carré, aussi absolue que la loi d'attraction et de gravitation.

Dans la plus haute antiquité, Moïse a proclamé la vérité fondamentale et sociale. Il est probable qu'il ne l'a pas inventée.

Non-seulement il a proclamé que tous les êtres sortent de l'*Être Étant* qui ne change jamais, qui fut toujours ce qu'il sera, mais il a tiré les conséquences de l'égalité des êtres. Il a aboli l'esclavage. Il a proclamé l'égalité de l'étranger avec le citoyen. Il a ordonné l'amour du prochain. Pour lui, Dieu c'est *la Justice absolue*. Il a énoncé tous les devoirs des forts envers les faibles, *car jamais Moïse n'a énoncé un droit. Il n'a formulé que des devoirs.* Il a défendu à l'homme de mélanger certains semis dans le même terrain, parce que les uns empêchent les autres de pousser.

Il a dit littéralement : « L'homme est comme un arbre des champs. » Les livres faussement appelés de Moïse ont été falsifiés par Esra et d'autres faux savants; les systèmes les plus contradictoires se trouvent l'un à côté de l'autre dans le même chapitre (1), mais malgré les falsifications, il s'y trouve des vérités sociales résultant de la grande vérité absolue spirituelle. Et l'on peut dire sans risque de se tromper que Moïse, le

____

(1) Voir mon *Moïse et le Talmud.*

premier dans l'histoire, a proclamé et consacré LA RÉ-
PUBLIQUE DÉMOCRATIQUE ET SOCIALE.

Ses lois n'ont jamais été appliquées. Elles furent
reniées par les despotes et les tyrans dont l'intérêt fut
d'adopter la métaphysique païenne, doctrine proclamant
la grâce divine avec l'arbitraire absolu au ciel, pour le
pratiquer sur la terre. Pas un penseur du paganisme
n'a pu s'élever à l'égalité des êtres, pas même Socrate
et Platon. Le paganisme n'est jamais sorti de l'esclavage. Le stoïcien le plus noble n'a pu arriver à cette
simple idée de l'égalité des êtres, sinon par la quantité
d'essence divine, du moins par la qualité. La bête, la
plante, le minéral n'ont pas pour eux plus de vie et de
droit que le mortel faible né pour servir. Ils prêchent
tous la résignation comme suprême sagesse sociale.

Le christianisme, sombre métis né, moitié du
rabbinisme pharisien, c'est-à-dire de l'erreur de la
grâce et du pardon, et moitié du paganisme, n'a absolument rien changé. Bien au contraire. Il a sous tous
les rapports empiré la situation des faibles. Il n'a
changé que les mots, les choses sont restées. L'esclavage est devenu le servage, mille fois plus inique.
Car l'esclave pouvait être affranchi, le serf attaché
à la glèbe, jamais. L'esclave pouvait par le génie et
la science s'élever aux plus hautes positions sociales,
le serf ne pouvait même pas se faire moine.

Le système entier du paganisme, avec ses patriciens
et ses prêtres privilégiés, fut maintenu par les chré-
tiens, avec la différence que le prêtre et le noble,
grâce au papisme, étaient toujours en guerre, soutenue
par le labeur et le sang du manant. Jamais le christianisme n'a vu son temple de Janus fermé une heure.
Une seule nouveauté créée par le christianisme : *Le
pardon par l'absolution.* Pareil présent de tyrannie et
d'iniquité n'a jamais été fait à aucun mortel ! Il sort
du rabbinisme, la peste de l'humanité intellectuelle.

Par le pardon, le crime repenti, c'est-à-dire consommé, savouré, dévoré et digéré, a été mis au rang et même au-dessus de la vertu la plus sublime !

L'erreur de quatre-vingt-treize.

Spinosa le premier a proclamé l'égalité des êtres. Descartes n'avait prouvé que l'être créateur. Il ne s'était même pas élevé jusqu'à l'égalité de la substance créée ! Malheureusement Spinosa, allant à l'extrême, a poussé cette doctrine jusqu'à la négation de la liberté de l'homme. Mais, dès ce moment, la doctrine de la grâce a été combattue par tous les penseurs. La révolution était faite dans les idées. Elle passait par-dessus la *Réforme* jusqu'à la révolution sociale de 1789, proclamant l'égalité des droits civils, politiques et sociaux.

C'est la plus grande révolution de l'humanité consciente. L'ère nouvelle date de cette époque.

Mais, en renversant la doctrine de la grâce et du pardon, les hommes de 93 sont allés jusqu'à l'extrême contraire qui y touche par l'erreur et ses effets néfastes.

La doctrine de l'égalité des êtres n'admet nullement l'égalité des droits ! *Elle n'implique que les devoirs des forts par la justice. Nul être dans la nature ne jouit d'un droit, avant qu'il n'accomplisse ses devoirs, ou avant que d'autres êtres n'accomplissent leurs devoirs envers lui.*

Que l'on proclame les droits des animaux à être nourris et bien élevés. A quoi cela leur sert-il, si les hommes ne sont pas forcés de remplir leurs devoirs envers eux ? Ces droits pourraient-ils jamais être appliqués d'une manière égale ? Un cheval aurait-il le droit de dire : « Je ne veux pas traîner le char pendant que mon camarade caracole sous mon maître ! »

Et pourtant proclamez les droits égaux des chevaux et donnez-leur la parole, nul d'eux ne voudra plus ni labourer ni traîner un fardeau. Il n'y aurait plus de travail ! Et quand le fourrage existant serait mangé, il y aurait lutte, famine et peste. Puis, de guerre lasse, les animaux mieux avisés, préférant un moindre mal à l'anarchie, iraient choisir un maître absolu auquel ils sacrifieraient tous leurs droits, toutes leurs libertés, pour une *pitance* assurée. C'est ce qu'ont fait Rousseau et Robespierre, le premier dans son *Contrat social*, le second dans ses *Droits de l'homme*. En proclamant *l'égalité des droits*, ils ont forcément abouti à la guerre civile et à l'anarchie en permanence. Robespierre avait beau consacrer plusieurs articles à la propriété du travail, l'égalité des droits conduit logiquement au COMMUNISME et le communisme, contraire à la loi de la nature, détruisant tout travail, amène forcément la famine, la guerre civile et le despotisme le plus violent.

Rousseau et Robespierre, et toute l'école moderne, qui ne fait que ronger leurs os du droit absolu, ont oublié et oublient toujours QU'IL N'Y A PAS DE DROIT DANS LA NATURE, QUE PAS UNE CRÉATURE N'APPORTE AVEC ELLE UN DROIT BRUT ET AUTONOME. *L'existence, la vie même est le résultat d'un devoir accompli par autrui.*

L'enfant qui naît est le fruit du devoir accompli d'abord du père, puis de la mère, qui a bien voulu supporter les devoirs de la grossesse et de l'enfantement. Le Créateur a voulu qu'il n'y eût pas de plaisir sans y attacher un devoir. *Et de chaque devoir accompli jaillit un bonheur quelconque.*

DE DROIT PRÉALABLE, IL N'EN PEUT ÊTRE QUESTION DANS LA NATURE, ATTENDU QU'IL N'Y A PAS DEUX ÊTRES ÉGAUX DANS TOUTE LA NATURE DONT LA NOURRITURE, LE TRAVAIL ET LA MANIÈRE DE VIVRE SOIENT ABSOLUMENT LES MÊMES. DÈS QU'ON ÉTABLIRA LE DROIT PRIMORDIAL,

LE FAIBLE VOUDRA VIVRE COMME LE FORT ET LE FORT NE TRAVAILLERA PAS PLUS QUE LE FAIBLE. *En très-peu de temps il n'y aurait plus de travail du tout et plus aucun droit!*

Le droit de l'un, c'est le devoir forcé de l'autre.

Jamais vrai législateur, fondant une société, n'a énoncé un droit! Ni Moïse, ni Confucius, ni Solon, ni Lycurgue n'ont fait une déclaration des droits. Ces grands fondateurs de sociétés n'ont énoncé que des devoirs. Moïse ne dit pas : « *Tu auras le droit de vivre*, mais : *Tu ne tueras pas.* » A quoi sert le droit écrit de vivre du faible si le fort le tue? Il faut avant tout que le fort, forcé par la justice sociale de faire son devoir, respecte la vie et la propriété du faible. Confucius ne dit pas : « L'homme a le droit de vivre de son travail et de sa propriété; » mais comme Moïse, il dit : « Le vol est un crime. » Le devoir du fort est de ne pas voler, et le devoir de la société de punir le voleur, autrement nulle société n'est possible. Moïse, plus avisé que nos *Droitistes* modernes, condamne le voleur à payer le quintuple au volé et, en cas d'insuffisance de fortune, à travailler pour payer l'amende. De prison, il n'en est pas question. A quoi sert la peine de la prison, à moins qu'elle ne serve de force coërcitive pour le travail du coupable au profit du volé? Il en est de même de tout. Le droit primordial est un non-sens, un mensonge, fruit empoisonné de l'ignorance de la loi de la nature.

Toute loi qui n'est pas universelle pour tous les êtres est fausse. Il n'y a de différence entre l'homme et l'animal, entre l'animal et le végétal, entre le végétal et le minéral qu'autant qu'ils diffèrent par la quantité supérieure d'essence vitale, jamais pour la chose en elle-même.

Les hommes n'ont pas plus de droits que les arbres des champs. Ils ont seulement plus de devoirs, à cause de leur plus grande force vitale, et *par ces devoirs accomplis envers les êtres inférieurs, ils cueilleront les droits que ces mêmes êtres leur rendent.* Il en est absolument de même dans la société humaine. *Elle ne devient pas saine, prospère et heureuse, par les droits énoncés des faibles, mais par les devoirs imposés aux forts,* attendu *que chacun croit avoir les mêmes droits, et c'est l'anarchie, mais que jamais les hommes ne se croient les mêmes devoirs, et c'est l'ordre.* Le premier souci d'une société ne doit pas être de formuler ses droits, mais de s'organiser de manière à pouvoir forcer chacun de faire ses devoirs. Ces devoirs accomplis, seuls, garantissent les droits de chacun !

Il ne suffit pas, dans la société, que quelques hommes soient justes ; *avant tout il faut qu'elle puisse empêcher les forts d'être injustes.* Il ne suffit pas de cultiver les champs produisant des épis pleins ; avant tout il faut empêcher l'ivraie de pousser et de dévorer les bons grains. Avant d'arriver au bien, il faut empêcher le mal. C'est même le seul et unique moyen d'arriver au bien. Le bien n'est nulle part possible où pousse impunément le mal. Or, empêcher le mal c'est tout d'abord faire son devoir. Jouir de son droit et laisser faire, autant dire pendant une peste : « Je me porte bien, mon voisin ne me regarde pas ! » On n'en jouira pas longtemps !

D'où sort l'homme ?

Peu importe à la société d'où vienne l'homme, qu'il sorte de l'éléphant, du singe ou du diable. Il n'y a que des cuistres ou des charlatans qui puissent tirer des inductions de rêveries pareilles ! Ce qui est certain, c'est que la terre n'a pas créé l'homme. On ne peut donner ce qu'on n'a pas. Pour donner une force à un être, il faut pour le moins en posséder le double. La terre, n'ayant pas de liberté, ne saurait en donner à ses créatures. Prétendre que l'homme a été singe et crapaud avant de devenir ce qu'il est, que le temps seul l'a formé, autant dire qu'une savatte peut devenir bottine, et qu'au bout d'un séjour de mille ans dans la terre la bottine sortira botte. L'un n'est pas plus absurde que l'autre.

Les minéraux, les végétaux, les animaux, les hommes ont toujours été les mêmes, sauf la différence des races par les climats, depuis que la société a la conscience de son histoire !

Le progrès ne consiste que dans le développement des forces existantes par les devoirs accomplis des forts envers les faibles. Nul ne donnera à un être ce qu'il n'a pas de naissance. On ne peut que développer les forces innées. Que toutes ces forces aient leur parfait épanouissement et l'humanité jouira de toute la somme de bonheur dont elle est susceptible, autant qu'elle séjournera sur cette planète.

Rien, sauf la matière, n'est héréditaire.

Selon la loi de la nature la matière seule se transmet par ordre de famille, jamais l'essence vitale. Deux roses, mâle et femelle, qui s'allient ne produiront pas une fleur qui ait absolument le même parfum, ni la même couleur, ni la même durée d'existence, ni le même mouvement intérieur. De même les animaux. Deux chiens qui s'accouplent produiront peut-être les mêmes couleurs, les mêmes grandeurs, la même race, selon que les produits ressembleront, l'un au père, l'autre à la mère, mais pas un de ces animaux n'aura comme l'autre le même mouvement vital, la même intelligence, ni les mêmes habitudes.

La différence est encore plus grande pour les hommes. *Les pères et mères transmettront à leurs enfants leur santé, leurs maladies, leur beauté et leur laideur matériëlle, mais* JAMAIS ILS NE LEUR DONNERONT LA MÊME QUANTITÉ D'ESSENCE VITALE, JAMAIS ILS NE LEUR DONNERONT LE MÊME CARACTÈRE, LE MÊME ESPRIT, LES MÊMES APTITUDES POUR LES QUALITÉS ET LES DÉFAUTS, POUR LES VERTUS ET LES VICES. ET SI PAR HASARD ILS LE DONNENT A UN DE LEURS ENFANTS, ILS NE DONNENT JAMAIS LA MÊME DOSE A UN AUTRE ENFANT.

Cette loi est universelle pour tous les êtres, car je le répète et le répèterai toujours, toute loi qui n'est pas universelle est fausse, n'est pas une loi.

RIEN DANS CE QUI CONSTITUE L'HOMME N'EST HÉRÉDITAIRE EN DEHORS DE LA MATIÈRE !

Ce qui prouve irréfragablement que la matière et sa forme ne donnent l'esprit à aucun être, *autrement tous les produits engendrés par deux êtres dans un court espace de temps se ressembleraient absolument et de forme et d'essence.* Ce qui prouve que tous les êtres en naissant sont dissemblables par la quantité d'essence vitale, ne fût-ce qu'en infiniment petit, et que cette différence est l'œuvre d'une force créatrice, consciente et voulue !

Ce qui prouve que tous les êtres, par l'extraction, sont les produits de la même substance ; en d'autres termes, qu'ils sont tous frères et sœurs, et que réellement le frère et la sœur du sang ne sont pas plus parents et plus liés par la vie qu'un homme de génie ne l'est d'un lion ou d'un chéne.

Ce qui prouve que ce que nous appelons la voix du sang est une grosse erreur. Que le père quitte son fils dès sa naissance et qu'il le rencontre vingt années plus tard, le sang ne criera, ni ne parlera. Des frères, des sœurs se haïssent et s'aiment comme des ennemis et des amis. La nature a donné aux géniteurs de tous les êtres la volonté de faire leurs devoirs de nourrisseurs et d'éleveurs. Cela a été nécessaire à la conservation des espèces. Mais, quant aux enfants adultes, il a fallu partout que la loi intervînt pour les forcer au respect des parents et au besoin pour les entretenir!

De droit, il n'y a nulle part une trace. Il ne peut être question que de devoirs à accomplir!

Qu'est-ce donc que la famille? Un groupe créé par la nature pour la conservation de l'espèce, ni plus ni moins. Les enfants et les petits-enfants qui la forment ne sentent d'autre lien du sang que celui formé par l'habitude et les sympathies d'attraction mutuelle. Ils ne se doivent pas plus qu'aux autres, parce qu'il faut toujours que les êtres vivent par groupes, et que les groupes entre eux sentent plus vivement les peines et les joies mutuelles que les groupes éloignés; mais les devoirs entre tous les groupes sont absolument les mêmes. Non-seulement envers leurs semblables de l'espèce, mais envers tous les êtres de toutes les espèces!

Le travail, premier devoir de l'homme, est la clé de voûte de toute la nature.

Les hommes ne contiennent pas tous les mêmes quantités de parties matérielles, mais les plus spirituellement dosés en contiennent assez pour qu'avant tout ils soient forcés, par la loi de la nature, de faire leurs devoirs envers les êtres inférieurs, les animaux, les végétaux et les minéraux d'où ils tirent leur nourriture, leurs droits. La liberté que possède l'homme ne lui sert pas à se priver de ces travaux d'urgence, elle ne lui sert que pour les augmenter et en assurer les fruits. Si les hommes travaillaient en communauté, même

forcés par la loi sociale, non-seulement les êtres inférieurs ne jouiraient pas de tous leurs droits — car on
les négligerait, on ne les cultiverait pas, on ne les
appellerait pas à la vie — mais la terre ne donnant pas
les fruits qu'on peut attendre d'elle, il arriverait des
famines, des guerres, pour le peu de fruits existants
et, finalement, par les malpropretés et les terres non
cultivées, il surgirait des pestes, ce qui arrive également-
ment par tout autre despotisme violant la liberté des
hommes, ou s'appropriant les fruits de leurs travaux.

Le premier devoir d'une société est donc d'appliquer
son travail sur les êtres inférieurs, d'en tirer la nourriture et la vie, de garantir la liberté de chacun et les
produits de cette liberté!

Ces travaux essentiels accomplis, l'homme peut
songer à cultiver son esprit et à en tirer tous les
plaisirs compatibles avec sa santé.

La solidarité de ces êtres ne se borne pas seulement
à tous ceux qui vivent en même temps, mais à tous
ceux qui vont exister dans l'avenir. Cette solidarité
date du premier homme.

Chose admirable. C'est précisément la liberté de
l'homme, si limitée, si bornée qu'elle soit, qui est la clé de
voûte de la solidarité étroite entre le passé, le présent
et l'avenir de tous les êtres. C'est par la liberté que
l'homme crée et accumule plus de biens qu'il ne
consomme. Il les laisse à des êtres qui vont venir,
d'abord à ses enfants, puis tôt ou tard à toute la communauté d'êtres. Et ces biens accumulés, ces outils de
travail, ces inventions, toutes des applications de la
loi naturelle, ces richesses de plantes, de bois, de
canaux, de chemins, de bestiaux, d'étoffes, de machines
de locomotion et de travail, ces trésors d'expériences
et de sciences sur la santé, sur les climats, sur les
mers et les terres, tout cela sert aux êtres de l'avenir
qui, pourvus de tous ces avantages, auront une vie

moins douloureuse, moins besoigneuse, moins exposée aux inclémences du sol. Ils pourront employer plus de temps et plus de force aux travaux de l'esprit. Ils pourront pénétrer plus avant dans les lois de la nature et, par elles, atteindre à la loi du Créateur même. Ils peuvent devenir meilleurs envers tous les êtres, ayant moins de soucis pour l'enfance et la vieillesse. Ils ne se feront plus la guerre pour de misérables intérêts matériels. Jamais, pourtant, quels que soient les bienfaits du passé, ils ne seront affranchis du travail ! Si, seulement pendant dix ans, les hommes, tous riches, ne faisaient plus leurs devoirs envers les êtres inférieurs, tout retournerait à l'état du chaos! Faute de fruits, les hommes s'entretueraient pour le petit nombre d'animaux et de plantes qui survivraient et, finalement, s'entre-dévoreraient eux-mêmes. La nature l'a voulu ainsi. *Elle n'a pas permis à l'homme de manquer à ses premiers devoirs envers les animaux, les végétaux et les minéraux, ses semblables, quoiqu'inférieurs par l'essence vitale !*

Elle lui a permis de les améliorer et de s'améliorer soi-même, de les ennoblir et de s'ennoblir soi-même par la conservation des travaux du passé en faveur des travailleurs de l'avenir, *mais elle n'a pas voulu que l'homme pût vivre sans travailler!* Tant qu'il existera un homme, il sera condamné au travail, car seul ce travail, qui est un devoir, garantit les droits des êtres plus faibles.

La justice n'a d'autre mission que de garantir le droit, par l'accomplissement du devoir.

Voyons maintenant la loi de la nature appliquée à la société, à la ville (*polis*) et d'où vient le mot *politique*. La première chose dont elle se préoccupe, c'est d'assurer aux humains le pouvoir de faire leurs devoirs envers les êtres inférieurs. Cette assurance ne se fait que par la justice créée collectivement pour empêcher les forts de ne pas travailler et de s'approprier les fruits du travail d'autrui. Car la justice sociale doit non-seulement *garantir* la liberté du travail, mais les fruits qui en résultent. La mission de la justice sociale n'est pas de faire travailler, mais d'empêcher les violents, les hommes qui voudraient être iniques, de compromettre le travail des autres ou de s'en adjuger les fruits par la force brutale. *Cette défense négative seule suffit à l'homme social pour qu'il puisse faire son devoir envers les êtres inférieurs, qui, par ces devoirs accomplis, lui garantissent les droits de récolte et de jouissance.*

Le bien est dans la loi de la nature, la défense du mal seule est dans la loi sociale. La loi politique ne prescrit jamais une action de bien. Elle n'en a nul besoin. Elle empêche seulement le mal d'envahir le bien et de le dévorer.

La justice n'ordonne ni ne crée la vertu. Encore moins la récompense-t-elle. Cela lui est impossible. Elle n'a d'autre mission que de punir le vice et de le rendre inoffensif. Les moyens de coercition peuvent changer selon le degré de civilisation, selon les idées que les hommes attachent à la force du châtiment, mais la défense même fut, de tout temps, le seul et unique but de la justice sociale.

La justice sociale, n'y eût-il que deux hommes sur la terre, a pour but unique de contraindre le fort à laisser le faible remplir les devoirs inhérents à sa nature et conformes à la loi universelle des êtres.

Comment cette contrainte s'établit-elle ?

Comment s'est-elle établie dans l'histoire ?

C'est ce que nous allons voir.

Ce n'est pas l'amour mais la justice qui est la loi
de la nature.

Tout d'abord on se demande d'où vient qu'il y a des forts qui veuillent empêcher les faibles de faire leurs devoirs envers des êtres plus faibles, afin de s'approprier les fruits de leur travail?

J'ai déjà élucidé cette question. Mais on ne saurait assez répéter certaines vérités.

Cela vient de l'erreur capitale jaillie d'un faux jugement de l'homme et de l'ignorance de la loi naturelle. Le fort ou le rusé, se voyant avantagé par la nature, s'est dit : Pourquoi la nature m'a-t-elle doué de forces qu'elle a refusées à bon nombre de mes semblables? Et se rengorgeant, il s'est répondu : C'est que le Créateur m'aime plus que les autres! Pourquoi? Cela ne me regarde pas. Je n'en puis pénétrer la cause. Il fait ce que bon lui semble. Étant son propre justicier, il n'a pas besoin d'être juste lui-même. Je suis plus fort. C'est certain. Je viens de vaincre toute une nation, grâce à cent mille faibles que j'ai su grouper, et auxquels j'ai insufflé une partie de ma vaillance, par ma seule volonté. Je suis donc fort par la grâce de Dieu. Il n'y a pas d'autre justice. S'il y en avait, il n'y aurait ni fort ni faible. Tous les humains auraient les mêmes forces. Étant doué de forces, par une grâce particulière du Créateur ou de la nature, je puis en jouir à ma volonté. Les faibles ne travailleront que pour moi. Mais comme ils pourraient réunir leurs forces contre moi, je vais les associer à mes avantages, et partager avec eux les dépouilles des millions d'autres faibles non organisés qui se sont laissé vaincre par nous.

Et voilà le despotisme! Et voilà l'esclavage! Et

voilà la guerre, la famine, la peste et encore la guerre, et toujours le malheur suivi de misère universelle.

Comment cette erreur a-t-elle été reconnue fatale et fausse ? Par la loi de la nature elle-même, qui toujours se venge en rétablissant l'équilibre par le châtiment.

Ce pouvoir social ne se faisait craindre que par l'éternelle crainte dont il fut saisi lui-même, et d'où il ne pouvait sortir. Au lieu de jouir des fruits d'autrui, il n'était jamais occupé que de surveiller les surveillants de ses surveillés. Pas une minute de sécurité ni de prospérité. Une vie de galères. Les faibles, voyant que le pouvoir n'était fort que par eux, s'associèrent pour le renverser, et s'adjuger pour eux-mêmes les avantages du pouvoir vaincu. Les sous-faibles suivirent naturellement le même exemple. Et voilà l'anarchie. Au bout de quelque temps, plus de travail et plus de forts. A quoi sert alors le pouvoir ? A brigander sur le terrain d'autrui. Vainqueur, on détruisait tout travail. Vaincu, on était esclave. Un jour on s'est aperçu que seul *le pouvoir qui n'était pas à craindre n'avait rien à craindre pour lui-même. Que le pouvoir n'avait d'autre but que de représenter la justice sociale pour tous,* QU'IL N'AVAIT AUCUN DROIT PRIMITIF, ABSOLUMENT AUCUN, SAUF CELUI QUE LA SOCIÉTÉ EN LE NOMMANT LUI OCTROIE.

On a reconnu enfin que la nature, juste elle-même, — autrement elle ne saurait durer une seconde, — n'agit nullement par caprice et amour arbitraire. Que si elle a créé des forts, ce n'est ni par grâce, ni par don de joyeuse naissance, mais pour organiser, harmoniser et centraliser des faibles.

Que loin de s'approprier les fruits du travail d'autrui, les forts doivent leurs propres forces aux autres, et ne tirent les droits que de leurs forces appliquées au service des êtres inférieurs semblables par l'extraction, la mission et la transformation. Que la société, enfin par l'association de toutes les forces réunies des faibles, a dans sa main le pouvoir de les forcer d'accomplir leurs devoirs. Cette vérité subsidiaire une fois découverte, on est remonté à la source et on a trouvé *que cette loi est universelle dans la nature entière.* Partout les êtres forts font leurs devoirs envers les êtres faibles. Ces devoirs accomplis, les faibles assurent aux forts les droits naturels. Les arbres, les minéraux en agissent absolument de même. Il n'y a pas de règnes distincts dans la nature, il n'y a que des êtres égaux placés d'une manière inégale sur l'échelle sociale. Et toute loi gouvernant une de ces existences les gouverne toutes, sans exception. Si les hommes plus forts que les animaux et les végétaux faillissent à leurs devoirs, les droits qu'ils en tirent, non-seulement leur feront défaut, mais ces êtres faibles, en s'associant, se vengeront cruellement sur les prévaricateurs forts et coupables. La terre exhalera des airs pestilentiels. Les animaux en transporteront le germe dans les habitations des hommes et les décimeront sans miséricorde. La nature n'est que justice et jamais elle ne pardonne! Elle ne connaît ni grâce, ni amour, ni pardon. Jamais arbitraire n'est sorti de la loi du Créateur. Il n'aime de préférence aucune de ses créatures. Devant lui toutes sont égales. La moindre d'entre elles, ayant fait son devoir, est l'égale de la plus forte, et la plus forte, ayant manqué à son devoir, par cela même descend au-dessous du rang de la plus faible, n'ayant pas failli à la loi de justice. Là, mais là seulement est le jeu de la liberté de l'homme. La limite est bien étroite, mais la liberté n'en existe pas moins. On ne connaît que l'espace de sept sons à la musique, mais quel vaste champ pour la mélodie et l'harmonie! De même la limite du libre arbitre entre la justice et l'injustice, entre la vertu et le vice. Ah! si les hommes étaient tous pénétrés de cette vérité ! Que de bonheurs dans cette courte préface de l'existence éternelle !

Nulle fonction, nul pouvoir ne se transmet héréditairement dans la nature.

Dans la nature, la matière seule se transmet par hérédité, jamais l'essence vitale qui en fait la volonté. La justice sociale, représentant exclusivement la partie spirituelle de l'humanité collective, ou bien d'un groupe de cette même humanité, NE SAURAIT DONC SE TRANSMETTRE PAR HÉRÉDITÉ. Elle est essentiellement l'apanage de la capacité vitale, capacité qui ne peut être manifestée que par une longue série de devoirs accomplis. On n'est fort dans la société naturelle qu'après avoir manifesté ses forces en faveur des faibles. L'arc ne montre sa force qu'en se courbant. Celui qui n'use ses forces que pour ses propres jouissances est plus faible que le dernier des roseaux.

Car la force de l'homme n'est que dans son esprit où est sa liberté, et seule, la liberté témoigne de la supériorité de sa dignité.

D'ailleurs, un homme violent, ne vivant que pour les plaisirs de son corps, n'est pas juste envers soi-même. Comment alors pourrait-il l'être envers les autres ? Cet homme, ignorant sa propre loi, sacrifie les plus belles années de sa vie au plaisir d'un jour, d'une heure, parfois d'une minute.

Il compromet la santé du corps, son seul vrai bonheur, bien que trois fois plus matériel que spirituel : comment un homme pareil, n'ayant aucun pouvoir sur soi pour diriger un seul et misérable corps, peut-il avoir une influence bienfaisante sur des milliers de corps humains ?

Cela est tout au plus possible pour le mal, pour la destruction, pour la guerre !

Un homme jeune peut, par le mépris de sa vie, par des actes de témérité, entraîner les autres à suivre son exemple. Mais, même pour la guerre, surtout en légitime défense, il faut, pour exercer le pouvoir, accomplir ses devoirs, au risque de n'en tirer aucun droit. Il faut être le premier levé et le dernier couché. Il faut donner l'exemple de toutes les privations ! Il faut savoir supporter toutes les souffrances du corps sans murmurer. Il faut enfin donner l'exemple du courage et braver gaiement la mort.

Cela ne suffit même pas. Il faut avoir le coup d'œil juste, rapide, savoir profiter des fautes de l'ennemi et ne jamais se laisser abattre, pas même par ses propres fautes. Toutes ces qualités réunies peuvent mettre un homme fort en vue pour que les faibles se confient à ses devoirs accomplissants, mais cette confiance doit toujours être limitée. Elle ne peut jamais se transmettre ! Elle peut disparaître par une seule action. Ce fort peut, d'un moment à l'autre, méconnaître, violer sa loi, ou devenir fou, ou seulement malade. *En aucune manière il ne pourra transmettre son pouvoir, c'est-à-dire ses devoirs à ses descendants, attendu qu'en vertu de la loi de la nature, il ne transmet jamais ses forces à son fils.* Ce fils peut être un crétin, comme il peut être un ange. L'homme ne transmet que son esclavage, sa matière. Il ne transmet jamais sa liberté, son esprit. La matière vient d'en bas, de la chose créée; la liberté vient d'en haut, de la substance créante !

Il n'est d'autre pouvoir légitime que celui imposé, COMME DEVOIR, par les gouvernés.

Le pouvoir n'est pas, comme on l'a cru jusqu'à ce jour, un effet de la grâce ou de l'arbitraire divin; car, ou il n'y a pas d'arbitraire, ou il n'y a rien de divin. Ou le Créateur est strictement juste ou il n'existe pas.

S'il est juste, rien n'est abandonné au caprice; s'il ne l'est pas, rien ne l'est. Alors, le pouvoir étant chose de hasard et de force brutale, n'a aucune consécration, aucun prestige, aucune liberté même. Et comme il n'y a pas d'homme assez fort contre d'autres hommes qui associent leurs forces pour le renverser, le pouvoir, jamais sûr de son existence, serait toujours campé dans un bivouac de guerre. Cet état de choses n'est, en effet, que la guerre en permanence. C'est l'anarchie et le despotisme réunis. C'est le renversement de toute idée de liberté, de bonheur et de paix! C'est le plus grand fléau humain. Hélas! sauf quelques lustres, sauf quelques courtes périodes, véritables éclaircies de raison, c'est là l'histoire de l'homme social, depuis qu'il écrit son histoire. Seulement, en l'écrivant, la vérité lui apparaît comme un flambeau divin et l'homme du moins flétrit et stigmatise les misérables mortels qui, méconnaissant leurs devoirs, ont vécu et sont morts comme des êtres inférieurs aux brutes.

Car l'animal de bien est supérieur à un homme qui ignore la vérité et qui nie sa liberté. Le chien, en suivant son maître, *croit le suivre en toute liberté. Il le suit par principe.* De même, le cheval et tout animal bienfaisant. Seul, l'homme, tout fier de sa liberté, la viole en niant la justice, sans laquelle la liberté n'a pas de raison d'être, et suit la matière qui le conduit aveuglément à l'abîme de l'excès et de la débauche. Autant adorer une bougie, jamais allumée, parce qu'elle contient une matière éclairante, bien que, non allumée, elle soit forcément opaque et aveuglante!

Le pouvoir social, n'ayant pas d'autre but que le devoir de représenter la justice, *ne saurait donc être héréditaire, attendu que nul devoir n'est héréditaire.* Nul pouvoir ne doit durer qu'autant qu'il remplit le devoir pour lequel il a été élu. Ce n'est pas à lui-même à décider s'il doit continuer ses fonctions ou s'en démettre, mais à ses concitoyens qui, spontanément, l'ont désigné par la libre élection.

Nul citoyen, qu'il soit fort ou faible, n'a le droit d'exercer des pouvoirs autres que ceux qui lui sont imposés, rétribués ou non, par ses concitoyens.

Nul n'a d'autres droits politiques que ceux qui jaillissent des devoirs imposés et accomplis. Nul citoyen, quel qu'il soit, ne peut octroyer ce qu'il n'a pas, c'est-à-dire l'hérédité d'une fonction, pas même pour la durée de l'âge viril d'un homme, à plus forte raison pour des siècles. Nul n'est certain, fût-il le plus fort en génie, raison et vaillance, de pouvoir disposer un jour de ses forces qu'il n'a pas héritées, encore moins de les transmettre héréditairement. *Nulle fonction n'est naturelle et par conséquent légitime qu'à condition de pouvoir être reprise et révoquée, en vertu de la même loi naturelle. Des millions de citoyens uniraient leurs forces, ils ne pourraient pas créer une fonction héréditaire, pas même pour une génération. Étant contraire à la loi de la nature, l'hérédité d'une fonction, de quelque manière qu'elle s'institue, est nulle et non avenue de soi !*

Car il n'est pas de loi possible contre la loi de la nature en vertu de laquelle tout existe. Il n'est pas de force qui tienne contre la force de la raison des choses. Dieu lui-même descendrait en personne sur la terre pour oindre un être et lui conférer une fonction héréditaire, les hommes lui diraient : « Change d'abord la loi de la nature et ta propre loi. Si fort que « tu sois, tu ne peux pas donner ce que tu ne possèdes « pas. Dans ta loi nulle fonction n'est héréditaire. Si « tu avais voulu que le pouvoir fût transmissible par « hérédité, tu aurais pu vouloir aussi que l'intelli-« gence et la force fussent transmises héréditairement « du père au fils. N'ayant pas pu l'un, tu n'as pas pu

« l'autre. N'étant pas conforme à ta loi, ce que tu
« viens de dire est faux, et ce que tu fais nul de soi.»

La vérité est qu'il n'y a pas d'autre loi que la loi de
la nature et que les hommes, pour être libres et heureux, n'ont qu'à suivre cette loi, aussi simple qu'intel-
ligible.

*Nul pouvoir, d'où qu'il vienne, de quelque prestige
dont il s'affuble, qui n'est pas tout à fait conforme à
cette loi, est faux, illégitime, laid, morbifère, calami-
teux et impie, car il est contraire à la loi de Dieu !*

D'où vient donc que ces vérités si simples ont été
méconnues depuis l'existence du monde ?

D'où vient que le pouvoir électif établi, par des
éclaircies de raison chez plusieurs peuples, a presque
toujours dégénéré en terreur, en communisme et en
despotisme, aboutissant partout à la négation et à la
confiscation de toute liberté individuelle, même de
toute propriété, premier fruit de la liberté du travail?

D'où vient que les peuples, convaincus de la seule
légitimité naturelle du pouvoir social électif et révo-
cable, ont cherché, malgré cette conviction, à le remplacer par une fiction, par une république artificielle
que l'on appelle « POUVOIR HÉRÉDITAIRE CONSTITUTION-
NEL??? » D'une erreur fondamentale résultant de l'ignorance de la loi de la nature, erreur qui a été la source
de toutes nos longues et stériles agitations.

Nous allons essayer de l'expliquer en moins de
lignes possible ; car ce livre n'est qu'un résumé, une
quintessence de la loi naturelle.

Avant de s'appartenir, l'homme appartient à la Société.

Tout être a un double mouvement et tout mouvement veut dire vie. Comme la terre, comme toute planète, tout être en dehors de son mouvement indivi-

duel, autour de soi-même, se meut autour de tous les êtres, entre dans leur voie, en reçoit une partie de sa vie et leur en donne autant que ses forces le lui permettent !

Ces deux mouvements sont harmoniques par la convergence et la divergence. Ils ne peuvent être troublés un jour sans danger pour la paix et le bonheur des êtres. Ils s'harmonisent par les devoirs mutuels accomplis. De ces devoirs seuls naissent les droits, les fruits. Autant dire : sans cause point d'effet.

Un homme, un citoyen vient de naître. Pour qu'il puisse naître il faut que le mouvement général, l'ensemble des corps autour, au-dessus et au-dessous de lui, aient fait leurs devoirs. Autrement le père et la mère, cause de ce fils-effet, n'auraient pu ni engendrer, ni enfanter. La mère n'aurait pas pu l'allaiter, ou à son défaut une nourrice. Sans la société et ses devoirs accomplis, ne fût-ce qu'à demi, jamais ce fils, fût-il un hercule, n'eût atteint l'âge de sa croissance achevée pour centraliser ses forces et les appliquer selon ses volontés. Certes, la société représentant le centre de tous les mouvements vitaux doit à cet être le développement de toutes ses forces intellectuelles et physiques, pour peu que plus tard elle exige qu'une partie de ces forces retournent à elle, mais même en faillissant à la moitié de ses devoirs, et la société n'en eût-elle accompli qu'une partie, elle est en droit de réclamer de ce citoyen le payement de la dette qu'il a contractée envers elle en naissant et en vivant. Elle doit tout au plus lui laisser le temps pour payer cette dette par le travail.

Cet individu en aucun cas ne peut dire : « Je ne connais que moi et mes forces, je ne dois rien qu'à Dieu — (parce qu'il ne demande jamais rien) — je dispose de mes forces comme bon me semble. »

En ce cas cet homme, manquant à ses devoirs, perd

tous ses droits, *même le droit de vivre*. Il ne peut dire non plus : « Je ne vous ai pas demandé la vie. On ne m'a pas consulté avant de me créer. Si l'on m'a engendré, c'est que cela a fait plaisir à quelqu'un.» La société lui répondra : « Si tu ne veux pas jouir de la vie qu'on t'a donnée, grâce à moi, meurs! Tu es libre de ne pas te mouvoir en moi, autour de moi! Quant au plaisir qui a présidé à ta création, il préside, grâce à la justice de la loi naturelle, à tous les actes de devoir, si bien que nul travail n'est légitime, si, par l'application des forces qu'il exige, il dégénère en douleur. »

Le travail est inné dans l'homme à différents degrés. C'est une force intérieure qui a besoin de se manifester à l'extérieur. Le travail se crée selon la volonté des forces du cerveau et du corps, car l'esprit et le corps ne font qu'un seul être, un et indivisible, agissant et réagissant l'un sur l'autre. Dès qu'il y a séparation, il y a mort. S'il y a des hommes qui travaillent trop pour devenir riches, c'est que le désir de posséder prime en eux toutes les autres forces du corps et les lui subordonne. S'il y en a d'autres qui travaillent trop par nécessité, cela doit cesser et cela cessera dès que les hommes vivront d'après la loi de la nature.

D'ailleurs, lui dira la société, le moment de te créer n'a pas suffi pour te donner des forces. Il a fallu te nourrir, te soigner, t'instruire, te protéger contre les inclémences des éléments environnants, contre toutes sortes de dangers. Ton père et ta mère n'ont été que mes mandataires. Sans la justice sociale ils n'auraient jamais pu te garantir la vie, à plus forte raison ta nourriture, tes habits, ta maison, ton instruction, tes meubles, ta fortune. Tout cela tu le dois à moi, à la société! A qui as-tu des droits à réclamer? A tes parents? Ils ont fait leur devoir! A la société? *Mais avant de réclamer quoi que ce soit, tu me dois pour tes vingt années d'existence vingt années de travail, avant même de prononcer le mot de droit.* Si la société ne réclame pas tout ton temps, tous tes travaux, c'est que, grâce aux richesses créées par tes prédécesseurs, elle peut te faire crédit. Elle te laisse la liberté de travailler pour toi et tes devoirs à accomplir, d'autant plus que, quoi que tu fasses, pour peu qu'elle t'empêche de détruire et d'être injuste, ta fortune gagnée par ton travail lui reviendra, du moins à ses membres qui la composeront dans l'avenir. Si elle avait besoin de toutes tes forces, autant d'instruments de devoir, tu les lui devrais avant de songer à tes droits. Que ferait la terre sans le soleil? Elle aura beau tourner autour de son axe, sans soleil elle périrait, elle n'existerait pas, elle ne produirait pas un être! Or, la société est à l'individu ce qu'est le soleil à la terre, une planète vivante d'où il reçoit la vie, la lumière intérieure, le mouvement et l'existence. Sans elle l'homme ne pourrait pas vivre un jour. Il n'a d'autre droit que le mouvement de liberté compatible avec ce mouvement général.

La vérité seule chasse l'erreur.

Pour avoir méconnu cette vérité fondamentale (je défie tous les humains réunis d'essayer seulement de la nier), la démocratie de tout temps, en énonçant les droits de l'homme avant d'exiger ses devoirs, a rendu tout pouvoir social impossible!

Voyant le pouvoir usurpé et la société se mouvant dans un cercle vicieux; voyant les forts manquant à tous leurs devoirs, *la démocratie a cru rendre justice aux faibles par la déclaration de leurs droits. Cette énonciation seule a suffi pour rendre tout pouvoir électif impossible.*

« Pourquoi faut-il que je travaille, se dit le citoyen
« *droitiste,* quand tant de mes semblables ne tra-
« vaillent pas ? Pourquoi faut-il que j'obéisse quand
« d'autres commandent ? Pourquoi n'ai-je que des
« pommes de terre à manger quand d'autres, ne va-
« lant pas plus que moi, mangent des truffes ? »

D'abord, il ne suffit pas que l'un manque à ses devoirs pour que l'autre puisse manquer aux siens.
L'injustice de l'un ne justifie nullement l'iniquité de
l'autre. Mais il est dans la nature de la loi, que le
devoir non accompli finisse par faire avorter le droit.
Un citoyen donc manquant à la loi provoque l'autre
à y manquer également. C'est là son châtiment. Le
pouvoir faillissant à ses devoirs, les citoyens faillissent
forcément aux leurs, et voilà la *révolution ! Et voilà
le jugement et le châtiment !* C'est immanquable ! sauf à
entremêler la tragédie de quelques scènes de comédie.
C'est l'éternelle histoire des hommes, ignorant la loi
de la nature et vivant dans l'erreur !

Mais on ne guérit pas une maladie par l'aggra-
vation du mal ! Autant guérir une migraine par la
décapitation !

On ne chasse pas une erreur par une autre, on ne
l'expulse que par la vérité, comme on ne se défait
du froid que par la chaleur ! La nuit ne cède qu'au
jour !

*On n'apprend, on n'a pas appris, on n'apprendra ja-
mais aux hommes à faire leurs devoirs par l'énonciation et la déclaration de leurs propres droits, par la
simple raison que chacun croit avoir les mêmes droits,
tandis que chacun, par sa nature même, fût-il idiot,
sent qu'il n'a pas les mêmes devoirs !*

Le droit démolit, le devoir édifie.

Je viens de dire que chacun croit avoir les mêmes
droits, mais que personne ne s'imagine avoir les

mêmes devoirs. C'est un point capital ! C'est une loi admirable de la nature ! Je la lie sur le cœur de tous les hommes de bonne foi.

Si fort, si habile que soit l'homme, nul ne se croit apte à tout faire, mais chacun peut se croire appelé à jouir de tout, même si ses forces physiques n'y suffisent pas, même si l'excès de jouissance compromet la santé et la vie !

De là vient que la proclamation des droits de l'homme, nécessaire pour démolir et châtier une société inique, ne vaut absolument rien pour construire et établir une société juste.

Par les droits déclarés, toutes les forces des humains convergent vers un seul point, savoir : Renverser un édifice social et inique où le pouvoir, manquant à tous ses devoirs, par cela même empêche les citoyens de jouir de leurs droits ! *Quatre-vingt-neuf* a été une de ces divines époques. Presque toute l'Europe est encore dans la même situation. Quand les peuples revendiquent leurs droits, ils se font justiciers, ils châtient les prévaricateurs, leurs tyrans, qui ont abusé de leurs forces aux dépens des faibles, au lieu de les employer exclusivement au bonheur et à la liberté de leurs commettants. Mais justice une fois faite, le châtiment une fois prononcé et le pouvoir renversé, la déclaration des droits est aussi absurde que si l'on voulait élever une maison avec les mêmes outils qui ont servi à la démolir. Les mêmes hommes, à la rigueur, peuvent, en changeant d'outils, élever une maison neuve, après en avoir démoli une vieille ! C'est rare, car les démolisseurs sont rarement des édificateurs. La nature donne à la plupart des humains un talent spécial, une fonction pivotale, qui éclot ou qui éclate dès la jeunesse et dont l'individu se rend un compte assez exact.

Les hommes possédant des talents contrastants, sachant les harmoniser et les centraliser, sont rares. Ils n'ont pas pour cela plus de droits, mais plus de devoirs !

Jamais société ne s'est fondée par les droits des hommes ! Rousseau pouvait écrire son *Contrat social* contre la société inique de Louis XV ; mais après *quatre-vingt-neuf*, la société démocratique ayant besoin de s'établir sur une nouvelle base, *la déclaration des droits de l'homme* par Robespierre a été un non-sens, une aberration, une ignorance de la loi de la nature et de l'homme, la cause spirituelle de tous les avortements de *quatre-vingt-treize* et de *quarante-neuf*.

Cette déclaration conduit forcément à la terreur et au communisme. Des hommes se croyant tous égaux par les droits ne sauraient élever une maison, à plus forte raison une société ; pas plus que des abeilles, se croyant les mêmes droits, n'élèveront une ruche. Chacun voudrait ne rien faire comme celle que nous appelons *reine*, ou plutôt, chacune voudrait faire la même chose et en même temps.

La première mission de la justice, c'est de frapper l'injustice.

Abstraction faite de cette vérité pratique, toute déclaration des droits de citoyen est fausse, contraire à la nature, contraire à toute justice sociale.

Nul citoyen, arrivé à l'état d'homme viril, n'a un droit quelconque à réclamer, avant qu'il n'ait payé pendant de longues années, par le devoir accompli, sa dette à la société.

Semblable à la terre, le citoyen n'a le droit de se mouvoir sur son axe qu'en se mouvant dans la voie du soleil, représentant la planète sociétaire.

La société lui a donné la vie, les moyens de développer les dons de la nature.

Elle lui a donné nourriture, instruction, un état !

Arrivé à l'âge viril, le citoyen doit vivre et travailler selon les lois que la société a jugées nécessaires. De là vient que, dans une société démocratique, nul citoyen ne peut réclamer un droit avant d'avoir prouvé par sa vie qu'il a accompli ses devoirs. Il ne peut même pas réclamer le droit de vivre ; car si sa vie est nécessaire à la justice sociale, il faut qu'il la donne, et s'il ne la donne pas librement, il est du devoir de la société de la lui prendre. Les humains n'ont pas plus d'importance devant la nécessité sociale que les brins d'herbe d'une prairie devant le faucheur qui les fane, afin qu'ils servent de nourriture aux animaux de bien. La mort n'est qu'une transformation forcée. La société naturelle n'est possible qu'avec la justice. C'est là son unique but, sa seule mission. Or, la justice n'est jamais affirmative. Elle *empêche* seulement le fort inique *d'être injuste* en le frappant ou en l'extirpant !

Et les lois ne sont faites que pour prévenir les mêmes injustices, afin de n'avoir pas besoin de frapper.

Une société n'est juste que lorsque, au risque de son existence, elle court partout pour empêcher l'injustice et l'iniquité. Une république sociale déclarant qu'elle n'interviendrait jamais contre l'iniquité, autant déclarer qu'elle ne s'inquiétera pas d'une peste à l'étranger ou d'un incendie chez le voisin. La nature entière n'a qu'une loi. Il n'y a ni nations, ni règnes. Tous les êtres se tiennent, tous sont de la même pâte, tous subissent la même loi. Il n'y a de différence entre eux que dans la quantité de mouvement vital et dans l'harmonisation des forces.

L'Amérique, en déclarant son indifférence pour les affaires européennes, était sur le point de signer sa mort. Elle a bien vu dans sa guerre contre l'esclavage que toute l'Europe, même l'Angleterre, était contre elle et conspirait sa ruine.

Combattant pour la justice, elle a vaincu. Mais elle ne sera sûre de sa propre justice qu'en déclarant, en face de l'humanité, qu'elle ne tolérerait nulle part ni iniquité, ni tyrannie, ni abus de force matérielle. Et ce jour-là, ne faisant que son devoir, elle payera une dette sacrée. Car c'est avec les forces des Européens, fuyant une société inique, que l'Amérique a fondé la république. Et ces forces n'ont accompli leurs devoirs que pour assurer les droits de liberté aux Européens faibles qui subissent dans leur pays l'iniquité et la tyrannie de la force militaire, c'est-à-dire de l'ignorance et de la bestialité. Si jamais l'Amérique manque à ces devoirs, elle perdra tôt ou tard, et plus tôt qu'elle ne pense, tous ses droits.

Ni célibat, ni prostitution.

Même dans une société, relativement juste comme la nôtre, qui ne remplit que la moitié de ses devoirs, le citoyen n'a pas le droit de revendiquer ses droits avant l'accomplissement de ses devoirs.

Ces devoirs sont, avant tout, non-seulement de travailler, autant que le travail est compatible avec la santé, mais de se marier, d'engendrer d'autres citoyens, de vivre avec sobriété et modération pour ménager ses forces, de vivre, en un mot, pour autrui. Un citoyen qui, sous un prétexte ou sous un autre, ne se marie pas, ne vivant ni pour une femme, ni pour des enfants ; qui commet des excès de nourriture et de boisson, excès qui tuent ses forces appartenant à la société ; qui, sous prétexte de ne vivre que pour l'humanité ou la liberté, n'exerce par devoir aucune fonction humaine; qui, en un mot, n'est qu'un sot esclave de ses passions brutales, ce citoyen-là, non-seulement n'a droit à aucun droit, mais il est du devoir de la société de le faucher comme de l'ivraie et de le retourner en fumier dans l'éternité. Que la société manque à ce devoir, en peu de temps l'ivraie, envahissant le bon grain, l'empêchera de pousser, de mûrir, et voilà la famine, la guerre et tous les malheurs à la suite.

Voilà une jeune fille belle et forte. A qui doit-elle sa beauté, sa force ? A ses père et mère ? Mais si la société, réunissant ses forces, n'avait pas accompli ses devoirs envers ces père et mère, non-seulement la petite vérole, la vermine auraient dévoré la beauté de l'enfant, mais l'injustice, la famine, la misère, l'auraient enlevée avant qu'elle eût passé l'âge de l'enfance. Certes, la société devait enseigner à cette fille ses devoirs. Elle aurait dû lui apprendre à lire et à écrire, un état quelconque, la science de vivre d'après les lois de la santé ; mais pour n'avoir pas accompli tous ses devoirs envers elle, cette fille n'a nullement le droit de manquer aux siens envers sa bienfaitrice. Or, son premier devoir est d'être mère et d'élever des enfants pour la patrie et l'humanité. Si elle viole ce devoir, elle n'a plus de droits. Se vouer à la prostitution ou à la virginité éternelle, — car c'est tout un, — c'est braver ouvertement la société et ses lois. C'est dire à haute voix : Je ne veux remplir aucun de mes devoirs !

La beauté est une force. Comme telle, elle représente un devoir avant d'être un droit. Si les femmes belles ne remplissaient pas leurs devoirs d'épouses et de mères ; si, sous prétexte de liberté, elles avaient le droit de se prostituer, de se stériliser, les femmes laides qui, vis-à-vis d'elles, représentent les faibles, non-seulement ne trouveraient plus de maris, sécheraient et mourraient avant leur temps ; mais la société humaine, privée de ses forces, dégénérerait en peu de temps et tomberait dans une débilité avilissante, dans un crétinisme syphilitique. Car, avant tout, la beauté c'est la jeunesse et la santé. Pour que les enfants puissent jouir de leurs droits, il faut absolument que les femmes jeunes et belles puissent être forcées de faire leurs devoirs d'épouses et de mères. Sans cette force morale représentée par la loi sociale, les belles femmes, se soustrayant à leurs devoirs, préféreraient toutes vivre prostituées, dans le luxe, dans la polyandrie et dans la stérilité. Elles épuiseraient la jeunesse virile en très-peu de temps. Elles priveraient les femmes moins belles de tous leurs droits d'épouses et de mères. Elles rendraient toute société, toute justice impossible !

De prime abord, toute fille, par cela même qu'elle se met hors la loi, il est du devoir de la société de la détruire, de l'extirper, de la fouler aux pieds, comme une herbe vénéneuse. Mais, dira cette fille, et à juste titre, je ne demande pas mieux que de faire mon devoir, donnez-moi un mari, faites que je jouisse de mon droit au mari. Soit. La société, aussi longtemps qu'elle admet dans son sein un célibataire violant toutes les lois sociales, ne fait pas son devoir envers les jeunes filles. Les jeunes filles ont-elles pour cela le droit de violer leurs devoirs? Nullement! Elles peuvent réunir leurs forces, et, réclamant leurs droits, aider à renverser une société inique, qui permet à un célibataire, à un infâme fornicateur, comme qu'il s'appelle, *roi, ministre, journaliste, avocat, ou même prêtre* (car la virginité est un crime social), non-seulement de jouir de ses droits de citoyen, mais de faire de fausses lois contre ces mêmes devoirs, mais elles n'ont pas pour cela le droit de se prostituer.

La société, dans ce cas, pour peu qu'elle fasse son devoir à elle, exterminera et la prostituée et l'homme son complice qui, en l'exploitant, se soustrait à ses devoirs d'époux, de père, de fils et de frère, car toute prostituée est fille et sœur, non-seulement de quelqu'un, mais de tous ses semblables.

Aucune justice sociale n'est donc possible, là où le

citoyen, au nom de ses droits, peut violer ses devoirs.

Aucun pouvoir social et élu par la nation n'est et ne sera jamais possible *que par une déclaration de tous les devoirs d'homme et de citoyen.*

Car nul pouvoir, quel qu'il soit, n'a d'autre mission que de faire exécuter cette justice.

Et nul pouvoir ne fera jamais exécuter la justice si, d'avance, il n'empêche pas toute injustice et toute iniquité.

La justice et le juge président.

Le premier devoir de la société politique est donc de choisir un pouvoir, représentant la justice, empêchant les forts de s'approprier le fruit du travail des faibles, et l'homme injuste et vicieux de vivre aux dépens du travailleur probe et vertueux. Par cela même, le travail est assuré et la prospérité garantie. Naturellement, pour représenter la justice, il faut être un homme juste et, pour être un homme juste, il faut en avoir donné les preuves pendant un long espace d'années. On n'est pas apte à représenter la justice pour avoir gagné des batailles, rimé des vers d'amour, peint un tableau, sculpté une statue, ou acquis une grande fortune. Le sentiment de la justice est inné par la conscience. Seulement, pour prouver qu'on le possède, il faut l'avoir exercé par des devoirs accomplis. Nul homme, avant d'avoir passé les années qui, d'ordinaire, font la moitié de la vie, ne peut se dire juste. Pourtant ce sentiment, comme toute force, se manifeste de bonne heure. Il est plus facile de le posséder que de le faire accepter comme prouvé par les autres.

Ces fonctions peuvent être rétribuées, si l'individu élu n'a pas son temps libre, mais jamais plus que la valeur de l'emploi du temps. Elles peuvent être imposées. Nul n'a le droit de s'y soustraire. L'homme auquel la nature a donné toutes les qualités n'a aucun droit de s'en prévaloir. Il ne les a que pour les employer au bien de tous. Ces hommes-là d'ailleurs n'ont jamais la passion des biens terrestres, surtout dans une société qui garantit la vie aux invalides, aux vieillards et aux enfants.

Tous les magistrats de cette société composant le pouvoir doivent être élus par elle. La société peut réélire les magistrats qui lui paraissent les plus dignes, elle n'a de loi à recevoir que de la nature. Toute autre loi est fausse, tyrannique et nulle de soi.

Il n'y a ni honneur ni gloire à remplir les fonctions de juge suprême. Il a été créé pour cela. L'honneur commence *quand il fait son devoir, sans prendre le droit qui en naît*, soit qu'il s'impose un surcroît de travail pour gagner sa vie, soit qu'il accomplisse son devoir, tout en épargnant le salaire à la société. La gloire resplendit sur sa tête quand le magistrat, se vouant entièrement à la société, lui sacrifie et le travail acquis et la vie. Mais, si haut qu'il soit placé, il n'est pas gradé plus haut dans l'échelle sociale que le dernier travailleur accomplissant ses devoirs d'homme et de citoyen! Le chêne n'est pas placé plus haut que l'osier, étant de la même matière, vivant par la même loi et ne se distinguant que par une plus grande force vitale. Cet homme n'a pas de droit au-dessus des droits résultant des devoirs accomplis du plus faible des citoyens.

Tout être, même l'animal, a l'instinct du bien et du mal, à plus forte raison l'homme. Les dispositions des humains sont différentes. L'un a la passion pivotale de la destruction, l'autre de l'édification. L'un a un tempérament phlegmatique, l'autre sanguin.

Il n'y a pas deux cerveaux égaux, pas plus que deux arbres, pas plus que deux cœurs. Les âmes non plus ne sont égales, pas plus que les nez; mais tout homme, si deshérité qu'il soit, a le sentiment du juste et de l'injuste.

Il n'est donc pas besoin de rédiger un code de justice pour une société reposant sur la loi de la nature. Il n'est pas de question, si compliquée qu'elle paraisse, qui ne puisse être jugée par trois hommes de bien et de bonne foi, qui ont l'expérience de la vie. La société, d'ailleurs, a toujours eu trois instances de justice, avec une cour de cassation. Elle s'est modelée en cela sur la loi de la nature et de Dieu. Cette loi dans l'histoire donne toujours trois avertissements avant de frapper (1).

La société peut changer d'avis sur bien des questions. Le bien et le mal, le juste et l'injuste ont mille contours, mille côtés qui se touchent et s'évitent tour à tour. Le progrès de la science change la face de bien des questions, mais en aucune manière, en aucun temps, un juge ne peut être *héréditaire* pour transmettre ses fonctions à ses fils.

Pour être élu juge, il faut avoir donné des preuves d'équité, de justice, de modération, de désintéressement et de vertu, toutes qualités non héréditaires et qui ne se transmettent pas. En aucune manière et en aucun cas, un juge ne peut être nommé par un autre juge. Tout au plus pourra-t-il le proposer au choix du peuple, en lui prouvant, par sa connaissance de la nature humaine, qu'il se connaît en hommes.

Inutile d'ajouter que tout juge élu peut être accusé, cité par le premier venu et jugé par ses pairs. Un juge soupçonné est presque toujours un juge condamné.

Les instructeurs du peuple.

Une fois le pouvoir social élu, uniquement comme

(1) Voir, à ce sujet, un article admirable de Plutarque.

représentant de la justice, le second devoir de la société est d'élire les hommes pour les fonctions de maîtres d'école et d'éducateurs du peuple pour tous les degrés de l'instruction et de la science. Que ce choix se fasse par concours ou par l'élection directe, peu importe. Il suffit de savoir qu'il n'y a pas dans une société, se conformant à la loi de la nature, de fonctions supérieures à celles exercées par un homme destiné à apprendre à ses semblables à diriger leurs dons et leurs qualités, à se gouverner eux-mêmes, grâce aux expériences et à la science acquises par les hommes qui ont vécu, pensé, souffert et travaillé dans le passé. Certes, il ne faut pas un homme de génie pour apprendre à un enfant à lire et à écrire, mais il en faut un pour reconnaître les qualités et les défauts de chaque enfant, pour en deviner la vocation et pour lui donner la direction conforme au mouvement vital de chaque individu. Rarement un père et une mère sont-ils aptes à ces fonctions. Or, dans une société naturelle où chacun doit faire tout son devoir, il faut que de bonne heure le citoyen apprenne à travailler d'après les lois de son individualité et à développer toutes ses forces pour le bien. A cette condition seulement le travail, au lieu d'une peine, devient une attraction, et porte des fruits savoureux. A cette condition seulement, les passions d'ordinaire subversives, telles que le sens de la destruction, ou de la possession de biens, ou de la gloutonnerie, peuvent être appliquées au bien de la société, au lieu de tourner en délits et même en crimes. A cette condition seulement, l'architecte humain ne prendra pas un sapin pour construire un temple et un chêne pour élever un mât.

Cette instruction doit être obligatoire. Nul n'a le droit de s'y soustraire. Un homme sans instruction est comme un terrain sans culture. Plus il est gras, plus vite, se corrompant, il devient pestilentiel et dangereux! Nulle instruction particulière ne peut ni ne doit remplacer l'instruction sociale et publique. D'ailleurs, qui voudrait se soustraire à ce bienfait? Le riche a beau aimer ses enfants, il ne peut leur donner ce que la nature leur a refusé et il ne peut vouloir s'opposer à une éducation destinée à développer tous les dons de la nature. Nous verrons bientôt que la richesse, loin de lui conférer des droits, ne lui imposera que des devoirs.

Le pauvre, dont la maladie et la vieillesse sont garanties, ne s'opposera certes pas à ce que son fils lui prépare un meilleur sort, car l'instruction est une puissance, un outil intellectuel pour le travail et l'acquisition. D'ailleurs, si pauvre qu'il soit, il n'a pas le droit de priver son fils et sa fille de se faire un meilleur sort que le sien. Il n'y a pas de droit contre le devoir.

Le père est un adulte. Il est donc un fort vis-à-vis de l'enfant faible. En cette qualité, il faut avant tout qu'il accomplisse son devoir.

L'élection des maîtres d'école et des professeurs est dans la loi de la nature. Ces fonctions doivent être rétribuées, à moins que les maîtres ne préfèrent les exercer gratis. De même les maîtresses et les *professeuses*, car il n'y a pas dans la nature plus de différence par rapport aux dons de l'intelligence entre les hommes et les femmes, qu'entre les autres êtres de la même espèce.

Dans une société pareille où l'instruction à tous degrés se donne gratuitement, il n'y a pas de danger que quelqu'un s'établisse pour la vendre. D'ailleurs, en ce cas, si l'instituteur est capable, dès qu'il est réclamé, il faut qu'il voue son travail à la société, contre une rétribution légitime.

Pour enseigner les devoirs de la vie aux autres, il faut avoir prouvé qu'on remplit les siens.

L'instituteur est donc, après les représentants de la justice, un des premiers citoyens. Il sera même plus aimé que le plus juste des juges.

Pour ces fonctions il faut être jeune encore. Le vieillard peut professer, mais il ne peut enseigner.

Expliquer à la jeunesse les lois générales d'une science, c'est facile, pourvu qu'on les connaisse. Mais enseigner à chaque homme une science en détail, lui apprendre à connaître ses forces et à les appliquer, cela exige une force nerveuse que la vieillesse ne possède plus.

Les maîtres d'école donc, élus par la cité, après avoir dignement rempli leurs fonctions, doivent être remplacés, à moins qu'ils ne préfèrent rester à leur poste et que les électeurs y consentent. C'est de préférence parmi ces hommes éprouvés que le peuple doit choisir ses représentants, soit pour la rédaction des lois jugées nécessaires, soit pour contrôler les actions des chefs du pouvoir social, soit pour veiller sur l'observation des lois décrétées.

C'est en enseignant qu'on apprend. C'est en apprenant aux autres à se vaincre qu'on apprend à se vaincre soi-même, ne fût-ce que pour leur donner l'exemple.

L'enfance et la vieillesse garanties.

Pour donner à tous les enfants de l'instruction et un état conforme à leurs dons naturels, il faut avant tout que la vie des vieillards soit garantie sans travail. Quand un père de famille est assuré qu'à l'âge de soixante ans, après avoir travaillé honnêtement quarante ans et accompli tous les devoirs d'homme et de citoyen, il trouvera de l'air, un abri sain et un morceau de pain à côté d'un travail attrayant, dont il est encore capable, sans compromettre sa santé; il ne songera pas à exploiter le travail de ses enfants, il ne se creusera pas la tête jeune et valide pour accaparer quelques sous pour sa vieillesse.

La vieillesse, d'ailleurs, est une infirmité physique. La société lui doit appui, asile et existence. Si, de plus, la vieillesse est couronnée d'une vie de devoirs accomplis, elle est vénérable et mérite plus que le pain quotidien, plus que de l'aisance ; elle mérite du respect et de la déférence. La vieillesse et l'enfance sont les extrêmes de faiblesse qui se touchent dans la vie. On ne peut les entourer d'assez de soins. Nulle justice, nulle liberté possible dans une société où l'enfance et la vieillesse ne soient garanties contre le besoin, la maladie et la douleur. Inutile d'ajouter qu'il en est de même pour toute maladie. La maladie rend l'homme robuste égal à l'enfant et au vieillard. Elle le rend impuissant.

Tout invalide civil ou militaire rendu impuissant rentre dans la catégorie des faibles pour lesquels les forts doivent travailler. La société n'est autre chose que l'ensemble des travaux des forts. Son premier devoir est de garantir la vie, l'existence, la santé et l'aisance des faibles, tels que l'enfance, la vieillesse, l'infirme, l'invalide et la folie.

La forme du gouvernement.

Dans une société pareille basée sur la loi de la nature, où toute fonction est élective, où les fonctions communales et départementales imposées aux plus dignes citoyens ne sont pas rétribuées, la forme du gouvernement central est indifférente. Qu'il y ait *un congrès*, *un sénat* et *un président*, qu'il n'y ait qu'un sénat, ou qu'un président, ou qu'une seule assemblée, peu importe ! Il suffit qu'il n'y ait d'autre pouvoir émané d'une autre source que du suffrage universel, que tout pouvoir soit de nouveau soumis à l'élection tous les trois ou quatre ans, que tout pouvoir puisse être cité devant la justice ordinaire sur la réclamation du premier citoyen venu. Il suffit surtout que nul pouvoir ne puisse entreprendre une guerre, ni imposer un impôt, sans dissoudre les assemblées existantes, et faire élire une nouvelle assemblée nommée exprès pour la question de paix et de guerre ou de l'impôt à accorder.

Il est donc inutile de prescrire à une démocratie de loi naturelle la forme de son gouvernement. Il suffit de constater qu'aucune fonction n'y peut être héréditaire, attendu qu'une fonction sociale ne peut être représentée que par une individualité, possédant les forces spirituelles et les organes corporels nécessaires à ces fonctions et que ces forces réunies ne sont jamais héréditaires dans la nature.

Les Impôts.

Il n'est pas de question sur laquelle les cuistres, les charlatans, les intrigants, les exploiteurs ont écrit des volumes plus faux, plus sots, plus inutiles que celle de l'impôt.

Qu'est-ce qu'une société de droit naturel?

C'est une nation qui élit un pouvoir pour rendre justice!

Qu'est-ce que la justice et quel est son but?

Empêcher le fort d'exploiter le faible, le méchant de tuer le bon et de s'approprier le fruit de son travail, l'intrigant et le fainéant de frustrer le travailleur et l'homme simple; empêcher, en un mot, le mal de rendre le bien impossible!

Qu'est-ce que l'impôt?

C'est l'argent que la société s'impose pour payer la justice représentée par des juges élus et une force armée en cas de résistance contre les jugements rendus.

A qui sert cette justice? Aux travailleurs, qui, sans

elle, ne pourraient ni jouir du bien de leurs travaux, ni les accumuler.

En d'autres termes, l'impôt est un tribut donné par le riche (car toute richesse honnête est du travail accumulé), contre ceux qui voudraient l'empêcher de travailler et d'accumuler son travail.

Si les abeilles avaient assez d'esprit, assez de raison pour fonder une société, elles payeraient une justice pour empêcher les frelons de s'emparer et de leur miel et de leur ruche! Il est vrai que cela n'empêche pas les frelons d'y mourir d'inanition au bout de deux mois, en se dévorant les uns les autres; mais ils n'en empêchent pas moins les abeilles de jouir du fruit de leur travail.

Tous les travailleurs ne peuvent pas devenir riches. Les uns n'ont pas assez d'esprit pour exploiter leur travail, les autres de leur nature ont trop de besoins matériels pour pouvoir économiser. D'autres ont trop d'enfants ou trop d'amis. D'autres encore n'ont ni assez de santé ni assez d'ordre. La nature a doté très-peu d'hommes des qualités centralisatrices, sachant faire valoir leur travail d'esprit et de corps ou sachant faire valoir le travail des autres. Tel travailleur, qui se plaint de l'intermédiaire entre lui et l'acheteur, ne ferait rien du tout sans cet intermédiaire. Il ne saurait nullement faire valoir sa production. Quoi que fasse l'homme, il ne changera pas sa nature, ni ne fera d'un zéro un chiffre. De même qu'il faut un intermédiaire entre le végétal et l'animal, il en faut entre un homme zéro et un homme chiffre.

L'impôt est donc proprement dit un tribut que le riche, le fort paye pour que les pauvres ne l'empêchent pas de travailler, d'employer son industrie, son travail et son esprit.

Dans la société naturelle il n'y a pas, il ne peut y

avoir d'autres riches que des travailleurs, sachant exploiter honnêtement leur travail, ou placer le travail d'autrui. Aux RICHES SEULS DONC DE PAYER L'IMPÔT. *Tout autre impôt est inique, antisocial et nul de soi!*

Le travailleur, qui ne fait que gagner sa vie, ne doit à la société que son travail, fruit de sa force et de sa santé. En travaillant il accomplit tous ses devoirs de citoyen. Il donne toutes ses forces. La société n'a plus rien à lui demander. Elle peut, en cas de guerre légitime, décrétée et déclarée par la nation, lui demander sa vie, mais à condition que tous, selon la force et l'âge, donnent la leur, sans aucune exception. Rien de plus inique, de plus antisocial que le système américain engageant de pauvres mercenaires pour faire la guerre la plus juste. Le riche, en payant l'impôt, ne paye que le travail accumulé du passé pour assurer le travail du présent et de l'avenir. Mais nul travail ni du passé ni du présent ne saurait payer la vie.

Et d'ailleurs, quand il s'agit d'une guerre soit de légitime défense, soit pour empêcher une iniquité internationale, nul argent n'y peut suffire. Le riche, outre son impôt, doit sa vie comme le pauvre. Cette mesure suffit pour empêcher une nation puissante d'entreprendre une guerre injuste. Quand tout le monde doit sa vie, il ne la risquera que pour une cause juste et indispensable!

Aux riches seuls donc à payer l'impôt proportionnellement selon la fortune. Tout autre impôt direct ou indirect est inique, tyrannique et impie. Il est contraire à la loi de la nature, qui seule est celle de Dieu.

Comment cet impôt s'établira, peu importe! qu'il s'établisse par des dons volontaires ou par des tributs imposés par les conseils communaux et provinciaux, cela est indifférent pour le principe! Pourvu que le principe soit le même, la forme peut changer selon le temps et les circonstances. S'il y a excédant, il sera employé pour défricher des terres incultes, pour augmenter la rente des vieillards, pour améliorer et embellir les hôpitaux, les maisons communales et les écoles, et surtout pour les sciences destinées à pénétrer l'essence des lois de la nature, encore inconnue aux hommes.

La gloire dans la démocratie.

Quand on suit la loi de la nature, les questions les plus difficiles se résolvent avec facilité et simplicité. Dans une société où chacun fait son devoir, où faire son devoir ne suppose pas un droit, ni à l'honneur, ni à la gloire, le poëte, le sculpteur, le peintre ne saurait être estimé plus que l'artisan, le laboureur, l'homme d'État, le savant qui, en sa qualité, travaille pour accomplir son devoir envers les faibles.

Dès que la société distingue un homme de talent ou de génie, en lui décernant des honneurs particuliers, parce que la nature l'a doué de plus de mouvement vital, de plus d'essence substantielle que les autres humains, elle déclare par cela même reconnaître un *état de grâce*.

Elle fait une profession de foi d'arbitraire et de despotisme. Elle nie la liberté, et par conséquent elle se suicide. Car, si un homme mieux doué, et plus fort par l'esprit, mérite des honneurs et des dignités, uniquement parce qu'il est venu au monde avec ces dons, avant qu'il ait appliqué ces forces au bien des faibles, cet homme doit se croire autorisé à exploiter toutes les forces des faibles pour ses passions et ses intérêts. En peu de temps il s'adjugera un pouvoir tyrannique et ne remplira plus aucun de ses devoirs, en vertu de sa supériorité qu'il considère comme octroyée PAR LA GRACE DE DIEU. Il n'y a qu'un seul moyen de sauver la société naturelle de tout despotisme, de toute tyrannie, c'est qu'au nom de toutes les forces réunies qui, réunies, sont plus fortes que les forces de quelques-uns, *elle déclare ne reconnaître à personne, eût-il seul le génie en partage, d'autre pouvoir que celui d'accomplir son devoir.*

La société ne doit donc rien à l'artiste, rien au poëte, rien au savant.

Elle lui doit comme aux autres l'instruction, les outils d'apprentissage et les moyens d'épanouissement. Tant mieux pour le génie si son travail fructifie! Il contribuera par son esprit à embellir la vie de ses concitoyens, et, par sa fortune, à rétribuer la justice, à donner le pain et l'aisance à l'enfance et à la vieillesse. Que si le génie viril vit dans la pauvreté, cela ne regarde pas la société. Il suffit qu'elle le soigne et qu'elle assure sa vieillesse !

Le génie ne mérite de la gloire que lorsque, par une vie exemplaire de travaux et de devoirs accomplis, il renonce aux droits naturels qui en jaillissent, contribuant par là à l'ennoblissement de ses semblables, en les élevant sur ses ailes puissantes jusqu'aux hauteurs divines où l'esprit de dévouement plane avec bonheur et béatitude dans le pressentiment d'une vie supérieure et éternelle.

Une vérité exprimée avec beauté par l'art mérite et trouve de l'amitié et de l'amour. Tout ce que la société doit à ses artistes de génie : c'est un peu plus d'amour ! cela s'appelle de l'admiration ! Mais elle ne leur doit ni fortune, ni honneurs, ni statues, ni dignités. Dût-elle les nommer chefs du pouvoir, ils ne seraient élevés à ces hauteurs que pour vouer mieux leurs forces spirituelles à leurs semblables, nullement pour s'enivrer d'encens ou pour se rengorger dans leur propre vanité. Plus, dans la nature, un homme est grand, plus il faut qu'il se courbe vers les petits.

Plus il est élevé, plus il faut qu'il descende. Plus il est fort, plus il faut qu'il travaille pour les faibles !

Guerre, guerre, surtout au vice.

A mesure que la société se conformera à la loi de la nature, elle changera de moyens de coercition et de punition. Elle verra que la plupart des vices sont des maladies, et que bien des crimes ne sont que des rages. Certes, il y a des vices contagieux qui se communiquent comme les maladies ; de même la vertu se communique par l'exemple et le milieu dans lequel elle se meut. Certes, il y a des rages qu'il faut combattre par la mort comme celle des chiens, et qui existeraient rarement si tous les chiens étaient nourris et soignés, même en travaillant ! La société, si elle le juge nécessaire, peut extirper un homme dangereux de son sein par la mort. Mais elle aurait rarement besoin de recourir à ce moyen extrême. En tous cas elle n'admettra d'autre justice que celle déléguée par l'élection des citoyens.

Mais, en dehors de ces cas de maladie fiévreuse, le premier devoir de la société est de ne point tolérer une maladie morale, en d'autres termes, un vice ; de ne point permettre à un citoyen de parader avec ces mêmes vices au milieu d'elle et de les inoculer à ses semblables. Comme elle ne permettra point à des maladies contagieuses de parcourir les villes sans les reléguer dans un endroit sain pour les détruire. Les vices moraux, d'où qu'ils viennent, sont contagieux s'ils ne sont pas retenus dans des bornes sociales. Ils sont pestilentiels, s'ils peuvent se pavaner dans la société sous prétexte de liberté individuelle. Ils sont coupables d'homicide et de vertucide s'ils peuvent se glorifier par l'erreur érigée en principe.

Ce n'est pas un droit, c'est le premier devoir de la société de ne pas tolérer un vice autrement qu'une maladie. Une femme qui se prostitue impunément, un jeune homme qui ne se marie pas et qui forcément

devient le complice de la fille, de la sœur, de la femme
de son prochain, c'est un affront à la loi de la nature
dans laquelle tout être, sans exception avant de songer à ses plaisirs, ne vit et n'existe que pour les autres êtres. La société légitime tous les plaisirs. Il n'y
a pas de bonheur dans la vie qui soit refusé à un
honnête homme, à une femme vertueuse. Tout plaisir qui n'est pas pur, a déjà dit Montaigne, n'est pas
sûr. Mais là où la femme peut être impunément vi-
cieuse, et elle ne l'est pas sans complice, il n'y a pas
de vertu possible, et sans vertu point de justice, et sans
justice point de liberté ! *La vertu n'est pas autre chose
que le principe de faire avant tout et quand même son
devoir sans se préoccuper de ses droits.* Sur cette base
sociale repose la justice, car nulle justice possible où
tout le monde réclame ses droits, avant d'accomplir ses
devoirs. C'est l'anarchie. Et sur cette justice seule repose la liberté, car sans elle forçant le fort de faire
son devoir, les faibles ne jouiront jamais de leurs
droits. Si toutes les belles femmes, fortes de leur
beauté, pouvaient impunément se prostituer, les laides
ne trouveraient ni époux, ni pères, ni amis. Les belles
prostituées, non-seulement se stériliseraient en peu de
temps, mais elles émasculeraient toute la jeunesse,
*attendu qu'une seule prostituée, par son pouvoir d'a-
mour illimité, peut tuer et déviriliser deux cents
hommes en moins de quinze ans.* En peu d'années cette
société de débauchés n'aura plus ni hommes, ni
femmes, ni enfants, elle tombera dans le mépris d'elle-
même. Trois cents hommes forts et sains chasseront
devant eux cent mille hommes de cette société-là,
comme en Amérique trois cents Espagnols ont chassé
devant eux trois cent mille Indiens vivant dans la pro-
miscuité et dans la crapule maladive et honteuse depuis plusieurs siècles.

Montesquieu a donc dit à juste titre : LA RÉPUBLIQUE

REPOSE SUR LA VERTU. Sans vertu, c'est-à-dire sans mœurs, point de liberté possible !

Dans une société démocratique pareille, où l'enfant reçoit l'instruction, où le vieillard et le malade sont garantis contre la gêne et l'incurie, les mariages ne seront plus un marché, souvent de dupes, mais une association naturelle de forces intellectuelles et physiques. On se mariera jeune, et les enfants seront forts et sains ; la vie sera doublée en peu de temps. Le divorce est indispensable, mais seulement pour causes graves, et prononcé par les juges du peuple.

En aucun cas, je ne le répéterai jamais assez, il ne peut être permis à une fille de se prostituer ni de se vouer à une éternelle virginité sous prétexte de plaire à un dieu imaginaire. La prostitution comme la chasteté absolue sont toutes deux une maladie morale que la société doit chercher d'abord à guérir. En cas d'incurie, il faut les extirper par la mort comme la rage, car elles sont contagieuses et morbifères.

De même l'infanticide et l'avortement. *Dans la société naturelle il n'y aura jamais trop d'enfants.* Si une population dépasse les produits de la terre, on l'envoie cultiver des terres nouvelles : deux tiers du globe ne sont pas cultivés. *Ils sont dévorés par des animaux malfaisants qui disparaîtraient devant la justice et le travail des humains, comme la vermine disparaît devant la propreté.* Ou bien, ces enfants formeraient une milice justicière pour empêcher la tyrannie d'exploiter des nations lointaines et de neutraliser toutes les forces d'une partie de la terre, car la tyrannie ne tue pas seulement les esprits et les volontés, elle étouffe le sol et tous ses bienfaits. Elle provoque des maladies, qui toutes sont vivantes, car elles sont toutes des animalcules qui s'en vont faire irruption, au nom de la solidarité universelle, dans les pays relativement justes et libres.

Les enfants des Allemands sont allés peupler la terre américaine. Ce sont eux qui ont été les plus tenaces contre l'esclavage et ses hideux protecteurs. Où serait le mal que des millions d'Américains, produits par la vertu du mariage et l'extermination de la prostitution, vinssent en Allemagne y établir une société de vertu, de justice et de liberté ?

Il n'y a jamais trop d'hommes sur la terre pour peu que la justice y règne. Plus les uns feront leurs devoirs, plus les autres jouiront de leurs droits. Il n'y a pas d'autres droits ! Jamais les faibles ne jouiront de leurs droits, si par une société de justice, créée par leurs forces unies, ils ne forcent pas les forts de faire avant tout leurs devoirs !

La transition.

Il est impossible et il n'est pas nécessaire d'entrer dans les détails d'un gouvernement social basé sur la loi de la nature. Tout découle logiquement et simplement du principe *non héréditaire* pour toutes les fonctions spirituelles, et du devoir primordial des forts pour garantir le droit des faibles.

La société humaine, depuis la connaissance de l'histoire, n'a jamais reposé un jour sur cette loi. Elle a toujours été barbare, car elle n'a jamais reconnu d'autre loi que celle de la *grâce*, mot déguisé qu'on a mis à la place de la force brutale.

Elle est moins inique depuis que les principes de *quatre-vingt-neuf* ont été en partie reconnus, mais elle est toujours en pleine barbarie, aussi longtemps qu'une fonction sociale sera héréditaire, aussi longtemps qu'un droit quelconque sera énoncé, réclamé sans devoir accompli, préalable, n'importe que ce droit soit pris de force par la violence victorieuse d'un seul, ou revendiqué par une démocratie prévaricatrice, ignorant la loi de la nature. Toute erreur, qu'elle descende de haut en bas ou qu'elle remonte de bas en haut, est grosse d'horreurs. La première s'appelle *despotisme*, la seconde *anarchie !*

Des hommes d'État, des penseurs animés des meilleures intentions ont cru allier les deux contrastes, les deux formes radicales des gouvernements sociaux par une fiction artificielle qu'ils ont appelée *constitutionnelle.*

Par l'hérédité du pouvoir ils ont cru éviter tous les dangers des élections trop fréquentes, surtout par des électeurs sans instruction et égarés par *une religion d'erreurs*, qui pourraient compromettre l'ordre et les travaux indispensables de la société !

Par le gouvernement constitutionnel et responsable devant la nation qui l'élit, ils ont cru pouvoir sauvegarder la liberté et tous les droits des faibles devant les forts.

Par l'hérédité du pouvoir, ils ont encore cru sauvegarder l'hérédité de la propriété qu'ils craignent de compromettre par le principe électif appliqué aux fonctions mêmes des représentants de l'ordre, *bien que dans la vie la matière seule soit réellement héréditaire.*

Par le principe électif du pouvoir contrôleur, ils ont cru créer un contrepoids contre tous les empiétements d'un pouvoir héréditaire qui, naturellement, tend à créer d'autres priviléges héréditaires comme ceux de la noblesse, de la force brutale appelée *armée*, ou des grandes fortunes mal acquises.

Cette forme de gouvernement n'est pas conforme à la loi de la nature, dans laquelle aucune fonction ne se transmet héréditairement, dans laquelle tout se transforme et change continuellement.

La nature ne connaît ni roi, ni prince, ni gentilhomme.

Elle ne connaît d'autre distinction que par la dose plus ou moins forte d'essence spirituelle, de mouvement vital dont chaque être est doué dès sa naissance, *supériorité ou infériorité qui n'est jamais héréditaire dans aucun règne de la nature.*

C'est un gouvernement de transition. Comme tel, il trace une voie dans laquelle le progrès est possible dans la vie de l'humanité sociale.

Il est vrai, on n'a pas encore vu un gouvernement constitutionnel garantir l'instruction de la jeunesse, l'aisance de la vieillesse. Aucun d'eux n'a affranchi le travailleur de tout impôt. La prostitution et le célibat forcé y règnent, de même le privilége héréditaire, l'agiotage et l'exploitation du faible par le fort.

Le devoir n'y précède pas le droit. Le fonctionnaire, loin d'être le représentant du devoir, se croit des droits imaginaires et touche des salaires incompatibles avec le principe de l'égalité dans la nature.

Si cet état de choses paraît être un paradis à la majorité des Européens actuels, c'est que, d'une part, ils ont une peur affreuse d'une *démocratie de droit* qui, sauf de vieilles exceptions, vit en dehors de tout devoir, ignore la loi de la nature, ne connaît de la vertu que le mot et de la justice que la sévérité envers les autres; et que, d'autre part, les hommes qui, en général, sont timorés, parce qu'ils n'ont pas le courage du devoir, craignent la masse du peuple plongée encore dans l'ignorance et dans tous les préjugés d'une crapuleuse superstition.

Quels sont donc les devoirs d'un vrai démocrate, qui ne cherche que la vérité, qui ne vit que pour la justice?

Le devoir du citoyen.

Grave question de conscience, mais facile à résoudre, quand on se conforme à la loi de la justice.

Le premier devoir d'un citoyen, après son travail pour gagner sa vie, est de chercher et de propager la vérité, afin de confondre l'erreur, d'où qu'elle vienne, de répandre l'instruction, pour que la minorité éclairée se change en majorité! C'est là ce que nous appelons le *progrès pacifique*. Ce devoir est si impérieux, si sacré, que l'homme doit lui sacrifier et sa fortune et sa vie.

S'il existe un gouvernement quelconque qui empêche un citoyen honnête et de bonne foi, de manifester sa pensée, de pénétrer plus avant dans la loi de la nature, de chasser l'erreur ténébreuse à coups de lumière et de vérité, ce gouvernement, par cela même, déclare ne reconnaître que l'arbitraire, la force brutale, l'injustice, l'iniquité, l'erreur avec toutes ses horreurs. *Il se met donc hors de toute loi de paix en déclarant la guerre à Dieu, à la nature, à tous les hommes de bien, à toute vérité!* La société, dès lors, est livrée à la guerre civile en permanence. Dans ce cas, le devoir de chaque homme, d'où qu'il sorte, est de risquer sa vie pour abattre et anéantir l'iniquité, faite pouvoir; car par le combat contre le mal seul, le bien devient possible. La paix n'est pas autre chose que la justice forçant l'injuste à se conformer aux lois! Mais là où le citoyen a le droit d'émettre sa pensée par la parole et la plume, où il peut la propager à volonté, sauf à être convaincu d'erreur, où il a toute liberté possible pour accomplir ses devoirs pour le bien, il ne doit jamais employer la violence de la force brutale. *La violence, pour être un châtiment, ne servira jamais à établir un pouvoir juste, encore moins une société.* Que si, à cette liberté d'instruction et de propagation, le citoyen ajoute encore le pouvoir de contribuer à l'élection des mandataires, contrôleurs et surveillants du pouvoir justicier, il dispose de tous les moyens humains *pour faire changer la minorité en majorité; pour chasser toutes les idées, tous les hommes de ténèbres, de priviléges et de grâce; pour instituer pacifiquement*

*et graduellement une société et un pouvoir conformes à
la loi de la nature.*

Cette loi est formelle. Elle est écrite dans chaque
brin d'herbe, dans chaque pierre, dans chaque arbre,
dans chaque animal, dans les cœurs de tous les humains.
Si les humains, qui d'instinct possèdent la loi, ne s'em-
pressent pas de décréter une société conforme à leur
être, c'est qu'ils ont peur d'abord de leurs propres fai-
blesses, de leur propre ombre, puis des erreurs matérielles professées par les intrus de la démocratie et
pour lesquels la République, loin d'être un champ
sacré pour y accomplir leurs devoirs, ne serait peut-être
qu'un pays conquis pour y cueillir tous les plaisirs
sous le nom de droits, sans songer à un seul devoir.

*Il n'y a pas dans la nature un seul droit, ni primor-
dial, ni absolu! Il n'y a que des droits jaillis comme
fruits des devoirs accomplis.*

*Il n'y a que des droits, naissant des devoirs soli-
daires accomplis par d'autres.*

*Le droit est au devoir ce qu'est le fruit à l'arbre. Si
le fruit eût été créé avant l'arbre, la nature n'aurait
jamais eu besoin d'un arbre et il n'existerait pas.*

*Si les hommes, pendant deux ans seulement, pou-
vaient jouir de leurs droits sans devoirs accomplis,
non-seulement la société, mais la nature entière disparaî-
trait, attendu que tout ici-bas, et la terre elle-même,
repose sur le travail de l'homme.*

*Depuis que le monde existe, le devoir en est le pivot
central. Il en sera toujours ainsi.*

*Et quiconque ne fait pas son devoir perd forcément
son droit, même dans la société actuelle!*

Paris. — Impr. de Paul Dupont, rue J.-J.-Rousseau, 41. (3103.10.)